LIBRAIRIE

De LACRETELLE aîné, et Comp^{ie}., rue Dauphine, n° 26.

On trouvera à la librairie de M. Lacretelle, ancien éditeur responsable de la *Minerve française*, les divers ouvrages politiques et littéraires de MM. AIGNAN, Benjamin CONSTANT, Évariste DUMOULIN, ÉTIENNE, A. JAY, E. JOUY, LACRETELLE aîné, P.-F. TISSOT et J.-P. PAGÈS.

LETTRES
SUR LA SITUATION
DE LA FRANCE.

PRIX : 2 f. 25 c.

PARIS.

DE L'IMPRIMERIE DE PLASSAN, RUE DE VAUGIRARD, N° 15.

Avril 1820.

TABLE DES MATIÈRES.

Sous presse , pour paraître incessamment , *le Glaneur,* brochure.

LETTRES

SUR LA SITUATION

DE LA FRANCE.

A. Savez-vous le bruit nouveau qui court de vous? Cette fois, vous n'êtes pas arrêté, de l'autorité du *Drapeau blanc*; mais vous êtes décoré du titre de *libraire*.

L. Je suis déjà nanti de la *patente* et du *magasin*.

A Faites-moi grâce d'une mauvaise plaisanterie.

L. Et vous, ne me supposez pas une mauvaise honte.

A. Eh bien donc, je vous demande sérieusement d'où vient et où va cette sérieuse bizarrerie?

L. Continuez à m'interroger, et je continuerai à vous répondre.

A. N'aviez-vous pas assez de votre qualité d'*éditeur responsable de la Minerve?*

L. Cette qualité-là, je viens de l'abdiquer.

A. Je commence à vous entendre. Votre *Minerve* ne veut pas se soumettre à la censure.

L. Nous avons cru devoir ce sacrifice à la loi, au public, à nous-mêmes.

A. Comment à la loi? Il me semble qu'elle vous demande votre obéissance et non votre retraite.

L. Aussi nous ne faisons qu'interrompre notre *Minerve*. Quand la loi reviendra, elle ramènera la *Minerve*.

A. Certes, la loi n'a pas à revenir, puisqu'elle est là pour vous *bâillonner* au besoin, comme vous l'avez tous dit, et comme vos *seigneurs et maîtres* ne l'ont pas trop dissimulé.

L. Voici la différence de notre langage. Vous parlez d'un certain acte, tout récent, légal de forme, et qui a, sans contredit, toute force d'exécution. Et moi, je parle de la charte, qui autorisait bien toute répression sur des écrits publiés, mais qui interdisait à des pouvoirs nés d'elle ou fondés sur elle, toute censure *préventive* ou *préalable*.

A. Telle n'est point la doctrine des deux côtés.

L. Oui, il y a d'un côté des hommes qui entendent se placer *sur la nation*, la soumettre à leurs plans, à leurs intérêts, se la donner à discrétion; et de l'autre, des hommes qui ne savent que *rester dans la nation*, pour ne lui reconnaître d'autre arbitre que ses droits limités par ses devoirs, d'autre frein que le frein salutaire des lois. J'appelle ceux-ci les fidèles, les *légitimes*, si vous voulez. J'appelle les autres, les prévaricateurs, les *usurpateurs*, si vous l'aimez mieux. S'ils se permettent de faire tout ce qui leur convient, je puis me permettre de dire tout ce que je pense et contre eux et sur eux. N'importe où soit ici la majorité ou la minorité de deux corps constitués; tout dépend du caractère que la constitution donne ou refuse à un acte législatif.

A. Vous n'avez pas besoin d'ajouter que tel est aussi le principe de vos amis : ils l'ont assez prouvé. Cependant je ne pense pas que le public vous eût su mauvais gré d'avoir cédé, ainsi que les écrits quotidiens, à une force majeure.

L. Les écrits vraiment périodiques sont dans une position qui leur fait excuse et devoir. Pour nous, le public ne nous a connus que libres sous la loi, et il ne nous veut pas esclaves de l'arbitraire....

A. Mais si la censure se montrait tolérable?

L. Ce ne serait que pour attacher à son joug; et le joug

qui se dissimule est plus dangereux à accepter que celui qui pèse d'abord de tout son poids.

A. Je vois bien que vous allez substituer des brochures successives à des livraisons plus ou moins périodiques.

L. Vous vous trompez. Je suis libraire : des gens de lettres me fournissent des ouvrages divers, en littérature, en philosophie, en politique surtout; car mon métier est de me conformer au goût et au besoin actuels du public. Je publie déjà les uns; j'en annonce d'autres qui me sont promis, et dont les plus avancés sont déjà sous presse. Je vends tout cela en masse ou en détail, pour le compte de mes auteurs et le mien, suivant nos conventions. Je fais aussi mes prix et mes marchés, tantôt ne livrant que les écrits présens, tantôt m'obligeant à en fournir de prochains; le tout suivant les lois et les usages du commerce.

Si, du reste, vous voulez vous rassurer sur mon intelligence en librairie, vous pouvez supposer que j'ai pris de sûres précautions; et si j'émets des billets sur la place, je vous avertis qu'ils se trouveront toujours payés d'avance; ce sera la petite singularité de mon négoce.

A. C'est fort bien. Mais oubliez-vous qu'il y a encore une certaine loi de la liberté individuelle, avec laquelle on peut se faire raison des personnes, quand les écrits ont échappé aux entraves?

L. Croyez-vous que nous n'y ayons pas pensé? Eh bien, nous avons encore reconnu là un défaut dans la cuirasse.

A. Expliquez-vous.

L. La loi a précisément omis d'interdire aux *suspects* les plumes, l'encre et le papier : or Mirabeau avait écrit son livre des *Lettres de Cachet* dans le donjon de Vincennes; et cet exemple tente un généreux courage.

A. Monsieur le libraire de fraîche date, vous m'avez permis de vous faire toute espèce de questions. Quel âge avez-vous, s'il vous plaît?

L. J'entre dans ma soixante-dixième année.

A. Et votre vieux sang ne se refuse pas à ces inspirations enthousiastes ?

L. A-t-on besoin d'enthousiasme pour ne pas reculer dans la simple carrière d'un bon citoyen? J'ai encore un modèle plus sacré dans le cœur.

A. Je crois deviner ici un ami et un élève de notre vénérable Malesherbes.

L. C'est à mon âge, qu'en contemplant un échafaud pour lui-même, il s'est dévoué à la cause de son roi, qui était aussi celle de la patrie. Pourquoi la perspective d'une prison possible me ferait-elle supprimer des vérités que j'ai professées toute ma vie? Le temps où je vis encore, si riche de beaux talens, n'a nul besoin de mes faibles efforts. Mais voici des événemens où tout honnête homme doit parler, quand ce ne serait que pour l'acquit de sa conscience et pour s'associer à d'honorables dangers. Je m'étais renfermé dans la révision de mes ouvrages dans plusieurs carrières, tant publiés qu'inédits ; mais je veux, avant tout, rassembler toutes mes pensées sur la crise actuelle : ce sera mon dernier tribut à la patrie. Je me permettrai d'y faire parler un grand homme, dont je puis invoquer l'âme et le génie par la confidence de toutes ses idées et de tous ses sentimens.

A. Eh bien, vous assumerez sur vous seul la double responsabilité d'un auteur et d'un libraire ; et je vois bien que ce sera une satisfaction de plus pour vous. Pouvez-vous me donner une idée de cet écrit que vous annoncez, par le titre seulement?

L. *L'ombre de Malesherbes en* 1820.

LACRETELLE aîné.

LETTRE A M. LACRETELLE AÎNÉ,

Sur les attaques autorisées par les ministres, dans les journaux censurés, contre les individus et les grands corps de l'état.

5 avril 1820.

Ceux qui se souviennent des motifs que j'ai allégués contre le projet d'accorder aux ministres une autorité discrétionnaire sur les journaux, auront remarqué peut-être que je regrettais moins les lumières dont la censure priverait le public, que je ne redoutais les calomnies que feraient circuler impunément, à l'abri du silence général, les haines ministérielles. Les idées justes et constitutionnelles sont tellement répandues, la nation est tellement éclairée, que l'interruption violente de toute discussion politique ne produira jamais un grand mal. Elle fait rejaillir sur les auteurs l'odieux et la défiance que de semblables mesures méritent. Elle prépare, en accumulant des griefs qui ne peuvent plus se faire jour, et des mécontentemens qui fermentent dans les ténèbres, la perte de l'autorité assez aveugle pour recourir à ces moyens usés d'un despotisme inepte ; mais la vérité n'y perd rien. La mémoire nationale en conserve les traditions ; et comme l'asservissement a toujours un terme, ces traditions suffisent pour qu'au premier moment de liberté, la lumière reparaisse dans tout son éclat. Il en est de même des fausses doctrines. Quand il se pourrait, ce qui n'arrive guère, que de vrais talens se dégradassent au point de servir, par des sophismes plus ou moins plausibles, la cause décréditée d'un hypocrite arbitraire, le seul fait de la publication privilégiée de ces doctrines, et de l'impossibilité de les réfuter, mettrait en garde tous les bons esprits.

Mais les calomnies contre les individus, les insultes aux autres branches du pouvoir constitutionnel, ont de plus graves inconvéniens. Comme il ne s'agit pas de raisonnemens, mais de faits, il peut rester des traces de ces faits, inventés ou défigurés par les stipendiés de l'autorité. En conséquence, j'ai lutté surtout pour que les ministres fussent responsables des articles dont ils permettraient l'insertion dans les journaux qu'ils tiennent sous leur censure; et mes efforts n'ayant pas été suivis du succès, j'ai annoncé que nous ne tarderions pas à voir nos ministres exploiter le monopole de calomnies et d'outrages que leur accordait notre imprudence. Ma prédiction s'est réalisée.

Dès le premier jour, le plus décrédité des journaux s'est vanté de la bienveillance que lui témoignait la nouvelle censure, et a profité de cette bienveillance pour insulter la chambre des députés. J'ai voulu voir jusqu'à quel point les agens du ministère pousseraient la partialité et le mépris des convenances, et j'ai adressé à un journal une réponse aux inculpations qu'ils avaient autorisées. La censure en a interdit l'insertion. Je la publie ici, pour que la France voie comment cette censure s'exerce, et j'y joindrai quelques réflexions :

« Je viens de lire, avec une sérieuse attention, les journaux de ce matin, les premiers qui aient paru sous le régime de la censure. Je les ai étudiés comme indices des intentions des ministres. Car, comme je l'ai dit à la tribune, les ministres sont désormais responsables de chaque ligne qui s'imprimera dans des feuilles censurées par leurs agens. Ils les ont choisis, ils ont dû leur donner des instructions; et ce n'est point à quelques hommes obscurs et dépendans, c'est à l'autorité qui a tiré ces hommes de leur obscurité pour se servir de leur dépendance, que la France peut demander compte de tout ce qui lui sera dit en son nom. Quand on peut empêcher, tolérer c'est vouloir, permettre c'est ordonner.

» Je crois devoir vous communiquer dans cette lettre le résultat de l'étude à laquelle je me suis livré. Je sais que vous l'enverrez à la censure ; mais, en vous soumettant à ce que la censure la rejette, vous voudrez bien ne pas vous soumettre à ce qu'elle y change rien. Je déclare qu'un seul mot retranché, ajouté ou altéré, serait un faux matériel. Si les surveillans de vos pensées, qui ne seront jamais ceux des miennes, se croient autorisés à repousser ma lettre, je me fie à vous pour me la renvoyer. Je serai bien aise de comparer la pratique des censeurs avec les professions de foi des ministres, et le public aussi en profitera.

» Un seul journal m'a paru contenir un article remarquable. Ce journal proclame que le ministère annonce vers le bien une tendance qui serait plus sûre si elle était plus rapide ; et la première preuve de l'excellent esprit qui l'anime, c'est que l'article dans lequel ce journal lui rend cet hommage n'a pas été rejeté par la censure. Premier point. *Le Drapeau blanc* est satisfait du ministère. Il dit aux ministres, comme Bonaparte jadis à ses troupes, je suis content de vous. Puisque MM. les censeurs ont admis l'article par lequel il déclarait sa satisfaction, ils doivent, ce me semble, admettre celui par lequel j'en fais la remarque.

» En second lieu, le même journal parle des pairs et des députés *royalistes* qui se sont fait un point de conscience de ne pas refuser au ministère le pouvoir immense dont il prétendait avoir besoin. Il y a donc des pairs et des députés qui ne sont pas *royalistes?* Les cent quinze députés qui, dans notre chambre, ont repoussé les lois d'exceptions, ne sont donc pas des *royalistes?* Voilà donc une accusation formelle portée par le ministère (car il a nommé les censeurs pour veiller à ce que rien de ce qu'il n'autorisait pas ne fût imprimé); voilà, dis-je, une accusation formelle portée par le ministère contre la moitié à peu près de la chambre des députés? Lorsque *le Drapeau blanc* était libre, nous savions ce que ses rédacteurs comprenaient sous le mot de *royaliste*; mais aujourd'hui que tout part du ministère, ce mot ne peut signifier que *royaliste constitutionnel* : le ministère ne saurait en reconnaître d'autres. Ainsi, c'est un acte d'accusation contre 115 députés, un acte d'accusation, autorisé par les ministres, à la face de la nation, contre 115 députés, qui probablement ne pourront pas répondre. Le ministère, dans ses instructions à ses censeurs, leur a permis de tolérer cet acte d'accusation. C'est une dénonciation contre la moitié environ de la représentation nationale, une dénonciation qui tend à faire considérer comme traîtres et parjures des députés qui ont juré fidélité à la royauté constitutionnelle. Voilà, ce me semble, un commencement qui promet. C'est le premier jour de la censure que le ministère fait un tel usage du pouvoir qu'il a obtenu par la censure. Les députés le souffriront-ils? Je le répète, *le Drapeau blanc* n'est de rien dans cette question. Nous avons prouvé plus d'une fois que nous dédaignions ses injures; mais le ministère, en censurant cette feuille, l'a élevée jusqu'à lui. *Le Drapeau blanc*, comme tous les journaux, est officiel; c'est, comme tous les journaux, la parole du ministère. Il a choisi cet organe; il doit répondre de son choix. Je demande donc si les députés, qui ont voté dans leur conscience, permettront que le ministère les calomnie, par une des 15 ou 20 feuilles, qui seront toutes désormais sa pensée écrite. Il ne s'agit pas ici de doctrines; il s'agit de personnes; il s'agit de députés. Le monopole de la calomnie commence; je l'avais annoncé à la tribune : il faudra voir si la représentation nationale, souffrira qu'il s'exerce impunément! »

La censure a prohibé l'insertion de cette lettre. Par quel motif, et sous quel prétexte?

Je relis le discours de M. Siméon, dont je suis toujours profondément affligé de voir le nom au bas d'un pareil projet; j'y trouve l'énoncé des prétendues règles imposées à la censure.

«Laisser dire tout ce qui est utile dans le but légitime des écrivains, d'après leur propre jugement, et quelque opinion qu'en aient les censeurs, mais ne rayer que les injures et les outrages : tolérer toutes les opinions, à moins qu'elles ne soient évidemment contraires aux principes de la morale, de la religion, de la charte et de la monarchie : abandonner tous les actes de l'administration et des fonctionnaires à l'investigation la plus curieuse, au développement de tous les griefs qui en naissent; mais protéger les personnes et les fonctions contre des accusations mille fois plus redoutables que celles qui sont portées aux tribunaux, où l'on trouve des juges, tandis qu'on est sans défense devant les journaux : telles sont, messieurs, les règles que le gouvernement se propose de donner à la censure qui lui sera accordée, si vous adoptez le projet qui vous est présenté. » Or, je le demande, dans ma réponse à l'accusation portée contre cent quinze députés, par un journaliste qui se dit le protégé ou le protecteur du ministère, y avait-il un mot qui pût encourir les interdictions que M. Siméon avait énumérées ?

Il n'y avait *d'outrages contre personne*, il y avait une défense de cent quinze élus du peuple insidieusement calomniés. Il n'y avait rien, je le pense, *contre la morale, la religion, la charte ou la monarchie.* Il y avait, au contraire, une déclaration que mes cent quinze honorables collègues étaient attachés à la monarchie et à la charte.

De quel droit, je le répète, les censeurs ont-ils interdit à un député de défendre ses collègues ? Quand ils auraient pensé que l'attaque n'était pas aussi sérieuse qu'elle me semblait l'être, leur jugement sur ce point ne rentrait nullement dans les attributions que le ministre dit leur avoir confiées. Serait-ce parce que j'appelais les censeurs eux-mêmes des hommes obscurs et dépendans? mais le ministre a dit que la censure ne repousserait que ce qui serait évidemment contraire à la morale, à la religion, à la charte, à la monarchie; il n'a pas ajouté, à l'amour-propre des censeurs.

Et quelles blessures ferais-je donc à cet amour-propre? En les appelant des hommes dépendans, j'énonçais un fait incontestable. En les qualifiant d'hommes obscurs, je croyais leur dire une chose obligeante. Leur dépendance est assurément bien constatée par les salaires qu'ils reçoivent et par les refus de tous les gens de lettres qui ont quelque sentiment de dignité, quelle que soit la nuance ou même la couleur prononcée de leur opinion. Leur obscurité l'est par leurs noms, dont tous sont inconnus au public, à l'exception d'un ou deux, peut-être, qui se rattachent à des notices oubliées sur quelques morts, et à des libelles ignorés contre quelques vivans.

Ainsi donc la censure a excédé dès le premier jour ses pouvoirs, et placé l'arbitraire dans l'arbitraire même. Cela devait être. Mais ce n'est pas le point principal dont il sagit.

Ce point principal, c'est que les journaux censurés deviennent pour le ministère les arsenaux de la calomnie. Veut-on que j'en donne une autre preuve? Elle sera plus grave que la première, et je serais surpris si elle n'excitait pas dans l'âme de mes lecteurs une indignation profonde.

Un homme a occupé pendant cinq années le premier poste de l'état. Il a, selon moi, commis beaucoup de fautes, il a fait de très-grands maux à la France. La France a le droit de le juger très-sévèrement. Mais les ministres actuels ont été ses collègues, ils n'ont point désavoué ses mesures. Ils les ont au contraire secondées, servies, justifiées, louées. Ils en ont été, ils en sont encore solidaires; et celles qu'ils ont adoptées depuis la disgrâce de cet homme, prouvent que ce n'est point à cause de ce qu'il y avait d'anti-national dans son système, qu'ils pourraient maintenant se déclarer contre lui. Eh bien! cet homme, ce collègue, cet ancien ami, et, s'il a été coupable, cet ancien complice, ils le font déchirer dans leurs feuilles censurées. Ils permettent, et comme je l'ai observé en commençant, lorsqu'on est revêtu d'un pouvoir discrétionnaire, permettre c'est ordonner, ils permettent qu'on l'y désigne comme l'homme du malheur, comme un ministre perfide et inepte. Ils ne respectent, ni les liens d'une ancienne amitié, ni les droits de la çi grâce, ni les affections royales mêmes, connues qu'elles soi t et manifestées par des regrets et par des faveurs. Je ne c ois pas que les fastes d'aucun ministère offrent l'exemple d'u ie conduite aussi déloyale et aussi honteuse, et je m'arrête pour n'avoir pas à la qualifier.

Tels sont donc les résultats de la censure, et il n'y a pas six jours qu'elle existe : toutes les promesses sont démenties, et toutes les convenances sont violées. Des ministres accusent un collègue qui ne peut se défendre ; des ministres inculpent dans les journaux la chambre des députés et celle des pairs, dont les membres, comme on le voit, ne peuvent répondre dans les journaux. Les agens de ces ministres suppriment, non ce qui est séditieux, violent, hostile, mais ce qui choque leur vanité, qui, dans certains hommes, remplace l'honneur.

Voilà le point où nous a conduits en moins d'une semaine l'esclavage de la presse. On peut juger où nous conduiront, dans le cours de quinze mois, l'esclavage de la presse et celui des personnes, combinés et fortifiés l'un par l'autre.

Agréez, etc.

BENJAMIN CONSTANT.

A UN AVOCAT DE LIBOURNE.

5 avril.

Mon cher ami, vous me demandez quelques éclaircissemens sur la souscription formée pour secourir les citoyens qui seront détenus comme suspects. Je ne puis mieux répondre à cette demande qu'en vous transmettant les réflexions suivantes qui me paraissent dignes d'une sérieuse attention.

La suspension de la liberté individuelle, le pouvoir accordé à trois ministres de faire incarcérer arbitrairement, en vertu *d'une conviction incommunicable*, et d'après *des ouvertures confidentielles*, les citoyens les mieux intentionnés et les plus paisibles, ont fait naître une de ces idées généreuses qui seraient regardées comme criminelles sous un gouvernement despotique, mais qui, chez les peuples libres, sont une conséquence naturelle des institutions et des mœurs. On propose d'ouvrir une souscription générale dont le produit est destiné à fournir une nourriture convenable et les vêtemens nécessaires aux détenus comme suspects, dont la fortune et l'industrie se trouveraient compromises ou détruites par l'effet de l'incarcération. Des secours seraient aussi transmis à leurs malheureuses familles, qui attendraient ainsi le jour de la justice sans risquer de périr dans l'abandon et la misère.

Les personnes chargées de ce pieux devoir s'efforceront en outre de remonter à la source des délations, et d'éclairer les ministres sur les erreurs ou les injustices qu'ils pourraient commettre dans l'application du pouvoir arbitraire. Les citoyens qui se dévouent à ces actes d'humanité sont des hommes bien connus par leur amour

de l'ordre, leur attachement à la monarchie constitutionnelle, leur respect pour les lois. On compte parmi eux
des pairs de France, des députés, des négocians, des militaires, dont les uns ont rendu de grands services à leur
pays, dont les autres ont acquis l'estime publique par leurs
talens et leurs vertus.

Si quelque chose peut constater les progrès éminens de
l'esprit public en France, c'est surtout l'association de bienfaisance dont je viens de parler. « Les lois, dit Montesquieu,
sont des institutions particulières et précises des législateurs,
mais les manières et les mœurs sont des institutions de la nation en général. » (1) Si ces dernières sont telles qu'elles conviennent à un régime libre et constitutionnel, elles corrigent
sans secousse et sans efforts les vices qui peuvent s'introduire
dans la législation ; elles opposent une résistance morale,
une force irrésistible d'opinion aux envahissemens du despotisme, elles l'arrêtent dans son cours, le frappent d'im-
puissance et finissent par l'anéantir. Il n'est pas douteux que
les institutions morales ne soient plus avancées parmi nous
que les institutions légales; on peut même dire, avec assu-
rance, que celles-ci rétrogradent tandis que les autres se
perfectionnent. L'arbitraire est dans nos lois, mais la liberté
est dans nos mœurs. Aussi, quelques obstacles qu'une fausse
politique oppose à la liberté, son triomphe définitif ne saurait être douteux. Si nos mœurs étaient serviles, si les réso-
lutions généreuses, si les pensées magnanimes n'osaient se
révéler au grand jour, tout serait perdu.

L'Angleterre nous offre en ce genre un grand exemple.
La liberté existe encore dans ce pays, malgré l'ascendant
de l'oligarchie et les tentatives du pouvoir ministériel, et
c'est aux mœurs nationales qu'il faut uniquement l'attribuer.
Les citoyens ne sont point isolés en Angleterre; ils ont un
intérêt commun dans la conservation de leurs droits légiti-

---

(1) Esprit des lois, liv. xix, chap. 14.

mes; ils se réunissent pour les soutenir. Les actes d'injus-
tice sont rares chez ce peuple; les actes de violence illégale
y sont inconnus, parce que les citoyens surveillent l'administration, qu'ils réparent les injustices, et qu'un acte tyran-
nique révolterait l'opinion. Aussi, voyons-nous depuis quelque temps que l'oligarchie, dont l'instinct est admirable
pour tout ce qui conduit à l'asservissement des nations,
dirige ses attaques, non contre les lois, mais contre les
mœurs. Pendant quinze ans on s'est efforcé de façonner les
Anglais aux manières et aux habitudes militaires; on pen-
sait, non sans quelque raison, que ces habitudes et ces manières dénatureraient à la longue les mœurs britanniques,
inspireraient de fausses idées sur la vraie gloire des peuples,
et substitueraient l'obéissance passive des camps à la noble
indépendance de la cité.

Je ne crois pas que ce plan soit abandonné. On étourdit
encore les Anglais de la gloire qui s'acquiert par les armes,
de l'honneur qui consiste à tuer des hommes, à dévaster des
provinces, à mettre sous le joug des nations indépendantes.
J'ignore quel degré d'influence ces opinions absurdes et
dangereuses exercent sur les esprits de nos voisins : mais si
elles deviennent jamais dominantes; si elles leur font oublier
que la véritable gloire d'un peuple est dans le maintien de
ses libertés, que le véritable honneur d'un citoyen est dans
l'accomplissement de ses devoirs, on peut prédire que
les mœurs éprouveront un changement notable, et que le
despotisme s'élèvera impunément sur les ruines de la liberté
publique.

Tout ce qui tend à l'amélioration des mœurs dans un
pays qui fonde ses institutions, doit exciter l'intérêt des hommes qui veulent de bonne foi l'établissement d'un régime
constitutionnel. Les associations destinées à soulager des
malheureux qui peuvent être victimes d'une inimitié par-
ticulière, d'une vengeance personnelle, sont éminemment
propres à fortifier les mœurs publiques, et à rendre l'autorité circonspecte dans ses mesures de rigueur. Ce n'est donc

pas sans quelque étonnement qu'on a vu des écrivains qui se prétendent les organes du ministère, déclamer avec chaleur contre la réunion de quelques hommes bienfaisans, et la représenter comme une conspiration contre le gouvernement, une insurrection contre la nouvelle loi des suspects. Le ministère devrait imposer silence à ces défenseurs indiscrets, dans la crainte qu'on ne remarquât qu'après avoir tué la liberté dans les lois, il veut aussi la tuer dans les mœurs, ce qui révèlerait une effrayante combinaison. Au surplus, la première de ces tentatives est plus facile que l'autre. Avec une majorité de huit voix, en y comprenant celle des ministres, on peut nous donner une mauvaise législation; mais quelques boules blanches de plus ou de moins dans l'urne législative ne changent point la nature des choses, et ne décident pas sur-le-champ la corruption des mœurs, ou l'anéantissement de l'esprit public.

Quelle est donc cette grande conspiration qui menace le gouvernement? Où sont ses chefs? Quelles sont ses ressources et ses armes? Ses chefs sont des hommes pacifiques et charitables, qui se montrent au grand jour, parce que leur conduite est sans reproche; ses ressources sont dans l'humanité des citoyens qui respectent l'infortune; ses armes sont des remontrances et des supplications. Aviez-vous donc conçu l'espoir que du moment où l'arbitraire serait proclamé, la terreur glacerait les âmes, éteindrait tout sentiment d'énergie, isolerait tous les Français; que le soupçon se promènerait dans l'ombre sur les familles, marquerait librement ses victimes, et se déroberait à toute investigation, à toute responsabilité? Si tel était votre espoir, on ne peut que plaindre votre aveuglement. Une connaissance plus approfondie des hommes et des choses vous aurait appris que la grande majorité de la nation connaît ses droits et a le sentiment de sa dignité. Nos débats politiques, les discussions de la tribune, ont éclairé les esprits et fixé les opinions. Les citoyens de toutes les classes ont applaudi aux idées de liberté légale et d'égalité civile. En même temps que leur raison mûrissait, leurs âmes s'élevaient à une hauteur où ne parviennent ni l'égoïsme, ni la pusillanimité. Telle est l'influence d'un régime libre : quelque interruption qu'il éprouve, il énerve le despotisme, il se retranche dans les mœurs, il se fortifie dans l'opinion, d'où il sort bientôt avec une nouvelle force et un nouvel éclat.

Les ministres ont demandé et obtenu le pouvoir des moyens extrêmes. Ces armes sont trop pesantes pour eux ; en essayant de les manier, ils s'exposent à se blesser eux-mêmes. Il faut un concours de circonstances qui se présentent rarement, pour fonder l'arbitraire sans efforts et sans déchirement. Napoléon a pu l'établir à une époque où le peuple français était fatigué de dix ans de malheurs et d'anarchie, où l'Europe en armes menaçait nos frontières, où nous ignorions encore les conditions de la liberté légale, où les mœurs des camps, si favorables au despotisme, dominaient en France ; et toutefois il a fallu que Napoléon donnât aux Français une distraction continuelle, un spectacle non interrompu de victoires, de conquêtes, d'invasions ; il a fallu qu'il tînt sans cesse la patrie sur le bord de l'abîme, pour confondre tous les sentimens dans celui du danger commun, pour faire oublier la liberté dans le péril de l'indépendance nationale, dans l'horreur du joug étranger. Son despotisme tombait probablement avec la paix, il tombait sans nul doute après sa mort ; il est tombé lorsque le despote, trahi par la fortune, a eu besoin de la nation. La nation, blessée dans ses droits, blessée dans sa dignité, est restée immobile, le despotisme a disparu. Lorsque je vois nos ministres, séduits par de fausses analogies, entrer dans les voies de Napoléon, ils me rappellent ces enfans qui, dans quelques tableaux, font effort pour soulever la lance d'Achille ou la massue d'Hercule.

N'en doutons point ; ces accusations dirigées contre des associations de pure bienfaisance, ces reproches adressés à d'excellens citoyens, cet étonnement des inspirations de l'humanité, ne sont que des réminiscences d'un despotisme évanoui. Certaines gens s'imaginent que des lois suffisent pour exercer l'arbitraire. Oui, quand ces lois sont d'accord avec les mœurs; quand elles n'excitent ni surprise, ni réclamations; quand l'opinion se tait devant elles. Sans cette harmonie, un gouvernement peut devenir plus odieux, mais il ne devient pas plus fort.

Considérez la France! L'opinion générale s'est déclarée contre l'arbitraire; on a gémi des lois rendues, non dans la crainte de leur exécution, mais dans l'intérêt du gouvernement. Ces lois ne changeront rien à nos destinées. Nous arriverons, plus tard peut-être, aux garanties inviolables que la charte nous promet; mais, quels que soient les événemens, nous finirons par y arriver. Le triomphe même d'une faction, implacable ennemie de la liberté, avancerait cette heureuse époque. Le champ de bataille est dans l'opinion, nos adversaires y ont été et y seront constamment battus; s'ils prenaient un autre terrain, ce serait un grand malheur; mais ils succomberaient encore sous la force des choses. La nation, éclairée comme elle l'est aujourd'hui, ne peut exister qu'avec une constitution fidèlement exécutée, et la nation est impérissable.

Méprisons de vaines clameurs! Ne répondons aux invectives que par la modération et le calme de la fermeté. Continuez vos généreux projets, vous, qui n'avez d'autre but que d'essuyer les larmes de l'infortune, de faire pénétrer l'espérance dans le séjour de la misère, d'enlever au désespoir de pauvres familles, de donner à l'innocence les moyens de faire parvenir la vérité aux dépositaires du pouvoir. Votre association est un service rendu à la patrie et au gouvernement lui-même, elle est sous la protection de la morale et de la justice. Votre courage et votre patriotisme auront un jour leur récompense.

★★★★★

P. S. Je vous envoie l'écrit que vient de publier le comité

2

d'administration institué par les souscripteurs. La censure n'a pas jugé à propos d'en permettre la publication dans les journaux libéraux et autres écrits périodiques, bien qu'elle autorise tous les jours les diatribes les plus injurieuses et les plus insolentes des journaux ultras contre une institution de pure bienfaisance.

SOUSCRIPTION POUR LE SOULAGEMENT DES PERSONNES DÉTENUES EN VERTU DE LA LOI DU 26 MARS 1820.

Une loi d'exception a mis la personne de tous les Français à la discrétion de trois ministres. Il est impossible que pour l'application de cette loi, et surtout dans les départemens, ces ministres ne s'en reposent sur des subalternes ; les ci- toyens sont donc inévitablement exposés aux effets des hai- nes particulières, du zèle excessif et peu éclairé, et de dé- nonciations mensongères et précipitées. Ces inconvéniens sont inséparables de toute législation arbitraire.

Cette loi, en armant les ministres d'un pouvoir immense, et de rigueurs inconnues dans notre droit public, a créé une classe nouvelle d'infortunés d'autant plus dignes d'intérêt, qu'ils peuvent être victimes d'inimitiés puissantes, et qu'au- cune ressource légale n'assure pour un avenir, même éloi- gné, la manifestation de leur innocence.

« Personne, disait Malhesherbes, au nom de la Cour des » aides, personne n'est assez grand pour échapper à la ven- » geance d'un ministre, ou assez petit pour se dérober à l'ini- » mitié d'un commis. »

La discussion de la chambre des députés a constaté que le système des emprisonnemens qu'on veut introduire, sou- met de simples suspects à des privations que nos lois épar- gnent aux individus accusés régulièrement de crimes capi- taux, et même à ceux que la justice a frappés des condamnations les plus graves. Les secours d'un défenseur, les soins de la famille, les consolations de la religion, peuvent leur être refusés.

Chez une nation généreuse, où jamais aucune infortune ne resta sans soulagement, il était impossible que cette nouvelle classe de malheureux ne trouvât pas des mains compatissantes pour essuyer leurs larmes. En face des tristes monumens de 1815, les citoyens ne pouvaient pousser l'imprévoyance jusqu'à négliger de s'assurer des ressources contre un genre d'afflictions dont on n'est garanti, ni par la gloire, ni par l'obscurité, ni par le sexe, ni par l'âge, ni même par aucune opinion politique, quelle qu'elle puisse être; car on a vu gémir dans les mêmes cachots, sous des cruautés uniformes, et en même temps, les partisans des doctrines les plus opposées.

Aussi à l'apparition de cette loi, une foule de citoyens de tous les rangs se sont portés chez la plupart des officiers publics, les banquiers, les notaires, dans les bureaux des journaux, pour y déposer des fonds qui servissent de ressources aux détenus, et exprimer le vœu d'une souscription qui en régularisât l'usage.

Jusqu'ici l'autorité publique a toujours vu avec intérêt, souvent même encouragé, les souscriptions destinées à alléger les maux dont gémit l'humanité.

Il en existe dans toute la France pour procurer des secours aux prisonniers atteints suivant les formes légales, et même aux condamnés.

La souscription qui procure des secours aux suspects, n'est pas plus contraire à la loi qui emprisonne les suspects, que la société pour l'amélioration des prisons, ou le soulagement des condamnés, n'est contraire au Code pénal.

Les souscripteurs ne pouvant, à cause de leur nombre, s'assembler pour répartir des secours aux infortunés qu'ils veulent soulager, ont donné leur confiance à un certain nombre d'entre eux qui ont consenti à se charger de cet acte de bienfaisance.

Les distributions arrêtées par les mandataires seront soumises de temps à autre aux souscripteurs.

Ceux-ci auront la faculté de garder l'anonyme ou de consigner leurs noms sur les registres. On pourra souscrire, soit pour une somme une fois donnée, soit pour des paiemens à faire à des époques déterminées. L'offrande la plus modique sera reçue.

Dans les trois mois qui suivront l'expiration des lois d'exception, les fonds qui se trouveront non employés seront rendus aux souscripteurs qui les réclameront, ou bien appliqués à des actes de bienfaisance ou d'utilité publique.

Le conseil d'administration, informé, soit par les souscripteurs des départemens, soit par les parens et amis des détenus, fera valoir auprès de l'autorité les réclamations des personnes atteintes par la loi, et fera distribuer à elles ou à leurs familles les secours que leur position exigera.

Tels sont les moyens par lesquels on a cru arriver au résultat qu'on s'est proposé.

Les soussignés, mandataires des premiers souscripteurs, espèrent que tous les amis de l'ordre et des lois, quelles que soient leurs opinions, se réuniront à eux, parce que l'arbitraire menace également toutes les opinions, et qu'il est de l'intérêt de tous de soulager des maux dont chacun, à son tour, peut se voir frappé.

Paris, le 31 mars 1820.

Signés, J. LAFFITTE, LAFAYETTE, D'ARGENSON, KÉRATRY, MANUEL, CASIMIR PERRIER, BENJAMIN CONSTANT, le général PAJOL, GÉVAUDAN, ÉTIENNE, ODILLON-BARROT, MÉRILHOU, JOLY (de Saint-Quentin), DUPONT (de l'Eure), CHAUVELIN, LANJUINAIS, pair de France.

~~~~~~

LA CENSURE.

Au signor INCATENATO, *homme de lettres, à Milan.*

6 Avril 1820.

Restez, mon ami ; décidément restez... Je conçois votre surprise, je dois vous paraître un peu fou, et le nom de *girellajo* est le plus doux qui vous vienne à la bouche ; depuis deux mois toutes mes lettres commencent par ces mots : *Partez... ne partez pas :* à qui la faute ?

Lorsque vous m'avez consulté sur le projet de venir établir un journal italien à Paris, ce projet m'a paru bon. Les Espagnols réfugiés à Londres y publiaient, sous l'autorisation du gouvernement libre de la Grande-Bretagne, *le Constitutionnel espagnol,* journal qui (malgré les précautions du despotisme le plus ombrageux, et les dix mille argus de la très-sainte hermandad) n'a peut-être pas moins contribué que la misère, les cachots et les tortures, à soustraire la péninsule au joug de l'arbitraire et de l'inquisition. *Venez,* vous ai-je dit.

Deux jours après le départ de cette lettre, de sinistres rumeurs annoncèrent une attaque contre nos libertés ; je vous engageai à continuer vos préparatifs de départ, mais à ne point vous mettre en route sans avoir reçu de moi un avis ultérieur.

Cette dernière dépêche n'était pas à Lyon, qu'un grand crime avait été commis : la douleur publique, que je partageai dans toute sa violence, ne m'empêcha pas de voir,
~~~~~~

d'un coup d'œil, le parti que la faction allait en tirer. Les souvenirs historiques se représentèrent à ma pensée sous des images contemporaines : je me souvins que Jacques Clément n'eut pas plus tôt porté le coup de poignard qui causa tant de joie aux Lorrains et à la sœur des Guises, que ses frères s'emparèrent de l'autorité suprême. Je me souvins que les grands d'alors se distribuèrent le gouvernement des provinces, que les marquis, les comtes, les vicomtes et les barons se rendirent maîtres des villes, des arsenaux, des citadelles et des places fortes, afin de ne pas avoir la douleur de les voir tomber entre les mains de l'hérétique Béarnais, ou du moins de pouvoir les lui vendre à beaux deniers comptans, s'il trouvait quelque jour que Paris valût bien une messe.

Je me souvins que lorsque Henri, devenu paisible possesseur de son royaume, eut rétabli l'ordre et l'économie dans les finances ; que les deniers de l'état, produit des sueurs du peuple, cessèrent d'être prodigués aux courtisans, le poignard de Ravaillac, en frappant le meilleur des rois, rouvrit toutes les blessures de la patrie ; que le parcimonieux Sully fut mis à la retraite, que le trésor public fut mis au pillage par ceux à qui Henri IV reprochait de porter leurs moulins et leurs taillis sur leur dos : je craignis que le poignard de Louvel ne fût pas moins fécond en malheurs que celui de ses exécrables devanciers ; on parlait de lois d'exception ; je vous écrivis : *Ne partez pas.*

Pour ne pas perdre de temps, les projets de loi en question ont été distribués de manière que, tandis que la chambre des pairs discutait celui qui suspendait *provisoirement* (ce qui veut dire *à toujours*, en termes de chancellerie) la liberté de la presse, la chambre des députés travaillait en même temps la liberté individuelle. Les pairs ont été expéditifs ; en un tour de scrutin notre affaire a été faite : les députés n'ont pas été tout-à-fait aussi pressés, et les nombreux amendemens, dont l'ordre du jour ministériel a fini, comme de raison, par faire justice, ont pourtant retardé

d'une semaine entière les funérailles de la liberté de la
presse : pendant cet intervalle, la liberté individuelle ayant
été expédiée, quelques personnes espéraient que l'autorité
se contenterait d'un si pénible sacrifice; j'étais de ce nombre,
et je vous invitai à ne point renoncer à votre projet.

Mais voilà qu'une immuable majorité de quinze ou vingt
voix gastriques prend le parti de ne plus discuter aucune
proposition, de n'admettre aucun amendement, pas même
en faveur de la loi, de peur qu'elle ne retourne à la
chambre des pairs; elle passe; et vite je vous écris : *Ne
partez pas.*

Je venais de jeter mon billet à la poste; un homme,
qui a l'ouïe si fine, qu'il entend du quai Voltaire ce qui
se dit aux Tuileries, m'aborde et m'assure, du ton d'un
homme qui en sait plus qu'il ne veut m'en apprendre,
que les ministres ont dû proposer et faire adopter la loi,
mais que le roi ne la sanctionnera pas..... Je ne puis reprendre mon billet; j'en trace un autre : *Partez ;* voilà
mon dernier mot.

Le *Moniteur* m'apprend, le lendemain, que mon don-
neur d'avis a mal entendu cette fois, ou qu'il m'a pris pour
dupe. Je me repens de ma crédulité, et je mets la main
à la plume pour vous recommander de ne point partir.
Un de mes amis entre chez moi : « Réjouissons-nous, me
dit-il; ce caractère d'homme de lettres, si noblement relevé par Delille, qui chanta l'immortalité de l'âme sous
la hache de l'athéisme, qui prononça devant les tyrans
populaires ces vers énergiques :

Que je hais les tyrans! Combien dès mon enfance
Mes imprécations ont poursuivi leur char!
Ma faiblesse superbe insulte à leur puissance;
J'aurais chanté Caton à l'aspect de César.

Par Ducis, qui refusa de célébrer sur sa lyre courageuse
la gloire militaire du destructeur de la liberté française;
par Bernardin de Saint-Pierre, Parny, Lemercier, qui

refusèrent si noblement les places, les dignités, les honneurs qu'on leur offrait au prix de leur indépendance; ce grand caractère, dis-je, vient de recevoir un nouveau lustre. Tous nos écrivains ont repoussé la main qui voulait les armer des ciseaux de la censure. — Tous? — Tous sans exception. » J'avais d'autant plus de peine à croire à cette unanimité, qu'aucun billet de part ne m'avait appris la mort de MM. tels et tels : cependant, à tout risque, je vous écrivis pour vous raconter ma conversation avec mon ami P. G., et en vous laissant le choix de vous déterminer sur ses espérances ou sur mes inquiétudes.

C'était dimanche; la solennité du jour de Pâques devait tenir toutes les presses oisives; j'allai passer la journée à la campagne; jugez de ma surprise, le lendemain matin, en rentrant chez moi! Le pieux *Moniteur* n'a point chômé l'agneau sans tache. *Bon jour, bonne œuvre;* je l'ai trouvé couvert des honorables noms de la commission de censure. Définitivement, mon cher Incatenato, restez où vous êtes; chaînes pour chaînes, autant celles que vous portez que, celles dont on nous charge; lorsqu'on en est réduit à espérer et attendre, on espère et on attend encore plus commodément chez soi que chez les autres, le jour de la rédemption des captifs.

Ce n'est pas que nos censeurs royaux ne soient aussi dignes que vos censeurs impériaux, des nobles fonctions qui leur sont attribuées : tous se recommandent à la confiance des amis de la liberté constitutionnelle par des titres particuliers.

M. l'abbé d'*Andrezel* est du meilleur bois dont on puisse faire des censeurs; noble, abbé, nommé inspecteur de l'Université en 1809, et confirmé dans cette place en 1815, il a travaillé au *Mémorial des pasteurs* dans un sens, et au *Journal général de France* dans un autre; à l'*Almanach de la nouvelle Noblesse* sous Napoléon; ce qui le rendrait infiniment propre à peser le pour et le contre, s'il pouvait se défaire d'une sorte d'ingénuité ecclésiastique, qui donne plus de charme à sa conversation que de garantie à la censure.

Un autre abbé, M. Lageard de Cherval, homme d'esprit, nous offre l'image vivante de la censure anodine que nous a promise M. Siméon ; et on n'a pas des formes plus douces, plus polies, des manières plus aimables que M. Lageard ; retiré depuis long-temps du service ecclésiastique, il n'a conservé des fonctions sacerdotales que la direction de quelques jolies pénitentes, par suite de l'attachement qu'il portait à leurs aïeules. Vous me direz que la censure n'a rien de commun avec un soin si charitable ; mais quand je vous aurai appris que M. de Cherval est un ancien ami de M. le comte R*** et de plusieurs autres libéraux, vous avouerez qu'il a dû conserver de cette longue liaison assez de connaissance des hommes et des choses, pour se montrer, dans l'exercice de ses fonctions de censeur, aussi partial que M. Pasquier l'exige. Mais ce n'est pas tout d'avoir une place odieuse, il faut avoir le courage de la faire : et M. de Cherval, je le connais, n'aura pas ce courage-là.

Parlez-moi de M. *Auger*, censeur académicien ; voilà l'homme du mot et de la chose ; sa réputation est née dans les journaux, il est bien juste qu'elle y meure. L'Académie française ne s'attendait guère, il est vrai, à l'insigne faveur qu'elle reçoit ; mais enfin, s'il lui fallait payer tribut à la censure, n'était-il pas bien naturel que M. Auger obtînt la préférence ? J'ai vu beaucoup de gens convaincus qu'il y avait incompatibilité entre les fonctions de censeur et les travaux académiques ; qu'on ne pouvait être à la fois membre d'une société fondée sur l'indépendance des lettres, et agent d'une commission créée pour détruire cette indépendance. La plupart des collègues de M. Auger sont d'avis qu'il devrait opter entre l'académie et la censure ; son choix serait-il déjà fait ? On a remarqué qu'il n'avait pas paru à la séance de l'académie qui a suivi son avénement à l'indignité censoriale : s'il persistait à siéger en même temps dans la rue des SS.-Pères et au palais des beaux-arts, il se pourrait que, dans cette dernière assemblée, il trouvât beaucoup de places vacantes, du moins autour de lui.

M. *Baudus*, ex-précepteur des enfans du feu roi Joachim, est un homme doux et poli; comme le Marseillais de Voltaire, il sait

Son Rabelais et son Saint-Augustin.

Depuis qu'il a quitté la férule de pédagogue, il a presque toujours tenu la verge de censeur au ministère des relations extérieures; mais il en appliquait les coups avec des formes si diplomatiques, que les plus chatouilleux les recevaient presque sans murmurer : espérons que sous un régime soi-disant constitutionnel, il aura conservé cette main moelleuse qui n'a jamais fait crier ceux qu'elle écorchait sous un gouvernement despotique.

Si quelqu'un s'imaginait qu'il faut au moins avoir quelque idée de politique, de législation, quelques notions générales sur l'état actuel des choses en France et en Europe, pour exercer la censure des journaux, nous lui citerions M. le marquis *Rothe de Nugent,* qui a le bonheur d'être aussi étranger aux intérêts des peuples et des gouvernemens d'Europe, qu'aux intrigues qui divisent en ce moment la cour de Pékin.

Tel brille au second rang qui s'éclipse au premier.

Pourquoi M. de Nugent ne s'est-il pas contenté de siéger au jury de l'académie royale de musique, où brille de tant d'éclat son talent pour la lecture? sans doute il n'a été donné qu'à lui de chanter les vers de Racine sur les airs de Gluck, et de donner ainsi tout à la fois à ses auditeurs la tragédie, l'opéra et la comédie; mais enfin, tout rare qu'il est, ce mérite ne suppose pas absolument celui d'entendre la pensée d'un grand publiciste, et de déterminer l'influence qu'elle peut avoir sur la destinée des nations.

La Folie du Siècle a fait connaître M. Lourdoueix : un homme qui a si cruellement traité le militaire borgne qu'il a relégué dans son hôpital des fous, doit être l'ennemi des gens qui voient clair; mais il serait injuste de le condamner sur les injures qu'il a souscrites de la lettre L dans un journal obscur : c'est une étude préliminaire qu'il faisait. Dans la commission de censure, M. Lourdoueix s'est probablement réservé le chapitre de la caricature. On sait qu'il est l'auteur de celle de M. de la *Jobardière*, qui a tant amusé les hommes monarchiques en 1814.

Je ne connais M. d'*Erbigny* et M. *Mazure* que par leurs qualités d'ancien recteur, et d'inspecteur général des études; je ne sais ce que leur titre nouveau ajoutera à leur traitement, mais je sais ce qu'il fera perdre à leur considération.

La censure nouvelle n'est pas encore assez connue pour qu'on puisse dire au juste tout le mal qu'elle fera, et tout le bien qu'elle empêchera de faire : déjà quelques écrivains ont trouvé le moyen de la mettre en défaut; en effet, comment censurer le silence? comment interpréter des points et des mots soulignés? Tout habiles qu'ils sont, je préviens messieurs de la censure qu'ils n'ont qu'un moyen d'échapper aux piéges typographiques dont ils marchent environnés : c'est de se faire autoriser par le triumvirat ministériel, à exercer la censure comme leurs excellences exercent le pouvoir, c'est-à-dire arbitrairement; un mot, une phrase, un article déplaît, il faut qu'il soit loisible au censeur, non-seulement de le supprimer, mais d'y en substituer un autre.

Les annales de la censure leur fourniront des exemples à suivre; sans compter ce bon Félix Nogaret de si plaisante mémoire, quel excellent modèle à étudier que le conseiller Adelung, qui exerçait la censure en Russie sous le règne de Paul 1er !

Un jour on lui présente un article de journal dont l'auteur, traduisant un passage d'une histoire ancienne, faisait dire à Antoine parlant à un Romain : « Sois Romain, et

» meurs en homme libre. » M. Adelung, qui frémit à la lecture de cette phrase séditieuse, y substitue celle-ci : *Sois Romain, et meurs en esclave fidèle.*

Voilà comme doit s'exercer la censure pour l'instruction des peuples et pour la dignité des trônes, j'aurais ajouté pour la sûreté des monarques, si je ne m'étais rappelé le sort de Paul Ier, de Pierre III, et de quelques centaines d'autres princes, dans les états desquels ont fleuri le despotisme et la censure.

Adieu, mon cher Incatenato.

Moriturus, mortuum salutat.

★★★★★★

Post Scriptum.

· Au moment où je ferme ma lettre, j'apprends que la commission de censure vient d'être heureusement complétée par la nomination de MM. *Raoul-Rochette, Pariset, Landrieux* et *Viellard.*

Le premier est l'homme de France qui a su tirer le meilleur parti d'une érudition de collége, au moyen de laquelle il s'est fait passer pour un savant à la cour. La grande variété des talens qu'il possède est suffisamment prouvée par les dix places qu'il occupe : celle de censeur lui revenait de droit, et déjà on commençait à murmurer de ne l'avoir pas vu sur la première liste.

On croit que M. Pariset, le censeur, est la même personne que M. Pariset, le médecin des fous, à Bicêtre; et l'on prétend que sa nomination est une épigramme dirigée contre les journalistes : je craindrais plutôt qu'elle ne tombât sur lui, et que le docteur à qui les censurés feront perdre la tête, n'allât bientôt grossir le nombre de ses malades.

Des personnes qui connaissent l'honnêteté des mœurs, et les qualités estimables de M. Viellard, regrettent sincèrement qu'il ne se contente pas d'être un poëte ridicule : il y a quelque chose de plus fâcheux dans le caractère d'un censeur politique. Il est vrai néanmoins que M. Viellard avait déjà fait preuve de talent en ce genre. On se souvient avec quelle cruauté il a mutilé ce pauvre *Tarare* de l'Opéra : une jolie danseuse disait que c'était une vengeance de *Calpigi*.

Quant à M. Landrieux, sa nomination n'a rien d'alarmant pour les écrivains ; il est beau-frère de M. Auger : une censure à la Siméon doit se faire en famille.

A MONSIEUR LACRETELLE AINÉ.

Monsieur,

Tandis que l'un de vos confrères à l'Académie se fait censeur pour étouffer des vérités utiles, vous vous faites libraire pour répandre des lumières nouvelles. Permettez-moi de vous adresser à cette occasion quelques notes, que je livre à vos réflexions.

La commission de censure est encore, comme toutes les institutions naissantes, dans le vague et dans l'incertitude. Cependant les journalistes peuvent préjuger, par les décisions qu'elle a rendues, de l'esprit qui l'anime et de la justice des arrêts qu'elle prononcera. Cette commission, à l'exemple du tribunal de la sainte inquisition, juge à huis clos. Les rédacteurs ne sont pas admis à défendre ou à discuter leurs articles ; ils sont condamnés ou absous sans instruction préalable et sans débats. On leur laisse ignorer les motifs qui ont déterminé le jugement qui les concerne, et ils apprennent leur condamnation en apprenant qu'on a provisoirement séquestré leur bien, c'est-à-dire confisqué leurs articles.

La commission n'a pas voulu permettre à un journaliste de rendre compte, en termes très-modérés, d'un ouvrage fort piquant de M. de Rougemont, intitulé : *Les Missionnaires*. Comme il y a plusieurs abbés parmi les censeurs, ils se trouvaient, dans ce cas, juges et parties ou à peu près. Ils se sont absous, et ils ont condamné l'écrivain.

Au moment où quatre colléges électoraux vont se réunir pour compléter leur députation, un journal a voulu, dans l'intérêt national, adresser quelques avis aux électeurs ; MM. les censeurs ont cru devoir réserver exclusivement ce droit au ministère, et il n'a pas été permis d'adresser aux électeurs de l'Isère, de la Seine-Inférieure, de Vaucluse et de la Charente-Inférieure, cette simple exhortation :

« Les citoyens sont priés, au nom de la patrie en deuil de ses libertés, de se rendre à leurs colléges et d'exprimer hautement, par leurs choix, les sentimens qui animent toute la France. Qu'ils se défient des piéges qui pourront être tendus par les agens de l'autorité, et qu'ils aient soin de composer leurs bureaux de manière à éviter les irrégularités : on ne cherche que des prétextes pour ravir à la nation des défenseurs de ses droits. A la dernière vérification des pouvoirs, un député a été rejeté parce que le ballottage n'avait pas été conforme à la loi ; un autre, parce que sur quatre députés, trois avaient leur domicile politique hors du département.

» Cette fois les bons citoyens doivent rendre toute difficulté, toute chicane impossible. Déjà on leur tend des embûches pour annuler encore leurs choix ; qu'ils soient en garde contre les perfidies dont on les entourera, et que leurs nominations soient hors de toute atteinte.

» Nous sommes, on n'en saurait douter, dans un mouvement marqué de réaction ; c'est aujourd'hui, plus que jamais, que la France doit opposer une barrière d'airain aux tentatives impuissantes des vieux privilégiés et des amis de l'ancien régime. »

Ce mouvement de réaction auquel le ministère est poussé et se laisse entraîner de gré ou de force n'est plus douteux: chaque jour le prouve par des faits matériels.

La censure est arrivée fort à propos pour laisser dans les ténèbres les événemens de Rennes. C'est le *Moniteur* qui a été chargé de nous les faire connaître. Quant aux journaux libéraux, ils n'ont pas pu publier ce qu'ils en savaient, et voici ce qu'ils auraient dit s'ils avaient été libres de parler :

Le général Coutard, commandant de la division, avait réuni toutes les troupes de la garnison sous les armes, pour faire la remise d'un drapeau à la légion *bis* d'Ille-et-Villaine. Un grand concours de Rennois assistait à cette cérémonie. Avant de remettre l'étendard, le général Coutard parcourait les rangs en criant : *Vive le roi long-temps, et les Bourbons toujours!* Les jeunes gens répondirent par les cris de *Vive la charte! vive la charte et le roi!* Le général se porta rapidement vers le groupe d'où partaient plus particulièrement ces acclamations, et qui se grossissait à chaque instant; le général, d'un air menaçant, s'adresse aux citoyens en répétant : *Vive le roi long-temps, et les Bourbons toujours!* Les citoyens lui répondent en répétant à leur tour : *Vive le roi et la charte!* M. le baron Coutard, trouvant sans doute ces cris séditieux, ordonna, dit-on, à quelques compagnies d'artillerie de faire disperser la foule, et il paraît que les canonniers n'ont pas voulu exécuter cet ordre : la gendarmerie elle-même s'y est refusée. Le général s'est retiré, et les habitans ont fait comme lui en s'écriant pour la vingtième fois : *Vive la charte et le roi!*

Il n'a pas été permis, je le répète, de raconter ces faits.

D'après ces exemples, ne peut-on pas juger, en effet, de la manière dont la censure s'exercera? Si nous avons quelquefois la censure que M. Siméon a promise à la chambre des députés, il est certain que nous aurons plus souvent la censure que M. Pasquier a promise à la chambre des pairs.

Veuillez recevoir, etc.   ★★★

A UN PROPRIÉTAIRE

DU DÉPARTEMENT DU PUY-DE-DÔME.

Paris, le 7 avril 1820.

Le règne de l'arbitraire est commencé ; il n'y a plus de garantie sociale. La charte est violée, ou plutôt la charte existe-t-elle encore ? Sans liberté individuelle, sans liberté de la presse, sans droit de pétition, l'homme est réduit à la condition de l'esclave, destiné à souffrir en silence sous un maître que les plaintes fatiguent, et que les cris de la douleur importunent.

On parle cependant encore de la charte, comme on parlait de la république dans les premiers temps du règne de Napoléon ; le nom de l'une se trouve gravé dans tous les actes du gouvernement, de même que l'autre figurait d'abord dans le protocole impérial ; mais le mot ne survécut pas long-temps à la chose ; il disparut peu à peu de tous les actes et de tous les édifices publics. La charte ne disparaîtra-t-elle pas de même sous le gouvernement de l'arbitraire ? L'ancien régime est presque restauré ; les lettres de cachet sont rétablies, la Bastille le sera bientôt ; on veut tout reconstruire, hormis les cours souveraines qui résistaient. Une chambre où huit voix suffisent pour enlever au peuple toutes ses libertés, pour sanctionner toutes les dilapidations, pour voter tous les impôts, est bien plus commode qu'une multitude de parlemens qu'il fallait vaincre par l'exil ; mais on n'était pas alors initié aux grands secrets de la séduction ; on n'avait pas le tarif des consciences, et pour être officiers du roi, les magistrats n'étaient pas tenus d'être ennemis du peuple.

Au train dont nous allons, je ne doute pas qu'avant deux mois le mot *constitutionnel* ne soit banni de la langue monarchique. *Vive la charte*, est déjà un cri suspect; ce sera bientôt un cri séditieux. Le côté droit, ou plutôt le parti ministériel a beau dire que la charte est la contre-révolution, personne en France ne le croit. La nation l'a acceptée comme garantie des principes et des intérêts nouveaux, comme traité d'alliance entre le trône et le peuple. La charte a si peu consacré la contre-révolution, que les contre-révolutionnaires, pour arriver à leur but, sont toujours obligés de violer la charte. Est-il question d'attenter à la liberté individuelle, à la liberté de la pensée, à la liberté d'élection? il faut mutiler la charte. Aussi M. Benoît s'est-il étrangement fourvoyé lorsqu'il a cru découvrir la contre-révolution dans l'acte constitutionnel. M. Pasquier s'est montré bien plus conséquent, bien plus profond, en proclamant que tout était constitutionnel quand les trois pouvoirs l'avaient approuvé. Voilà d'un seul mot la charte détruite. Qu'il plaise aux ministres de s'en passer, huit voix leur suffisent; si, avec une majorité aussi imposante, ils ont déjà ébranlé tous les fondemens, on peut être assuré qu'avec la chambre servile qu'ils sauront se faire, ils auront bientôt renversé le reste de l'édifice. Puisque tout devient constitutionnel avec le seul consentement des trois pouvoirs, je demande quelle est la garantie des acquéreurs de domaines nationaux; une loi peut donc les dépouiller très-constitutionnellement. Telle est, je ne dis pas la conséquence rigoureuse, mais le résultat très-vraisemblable de la doctrine de M. Pasquier.

Celle des amis de l'ordre et de la morale publique est un peu différente. Ils regardent la charte comme la règle suprême de l'état; à leurs yeux elle est pour les gouvernans, ce que la loi écrite est pour les juges. Le ministre qui viole le pacte fondamental, le député qui sanctionne cette violation, ne sont pas moins prévaricateurs que le magistrat qui déshonore sa toge en trahissant la justice. Si tout peut être constitutionnel malgré la charte, à quoi sert la charte? Mais on ne s'en cache plus ; on ne veut deux chambres que pour la forme, ou plutôt que comme un double instrument du pouvoir absolu. C'est le despotisme qui se pare des faux dehors de la liberté, et qui insulte au bon sens et à la morale publique, par la plus cruelle dérision.

Du moins le voile de l'hypocrisie est tombé; ceux qui depuis six ans s'obstinaient à croire à la bonne foi de certains personnages, ouvrent enfin les yeux ; il ne peut plus y avoir de dupes en France. Les esprits clairvoyans ne s'y sont jamais mépris; mais ils passaient pour chagrins, pour mécontens. Il était si doux de croire à la charte! jamais erreur ne fut plus chère aux Français, jamais illusion ne les rendit plus heureux. La catastrophe du 20 mars, les événemens des cent jours semblèrent dessiller les yeux des conseillers du trône ; le roi, dans sa proclamation de Cambrai, reconnut que son gouvernement avait commis des fautes. Et quelles fautes? celles qui se commettent aujourd'hui, avec cette différence que la contre-révolution, alors faible et timide, est devenue audacieuse dans sa marche ; qu'au lieu de miner à petit bruit les institutions, elle les renverse avec fracas, et menace à la fois tous les intérêts et toutes les existences. On peut le dire sans exagération, les hommes et les projets sont les mêmes ; seulement ils se montrent plus à découvert : 1820 n'est que 1814 démasqué.

Dira-t-on aujourd'hui que les écrivains libéraux ont calomnié le gouvernement? N'ont-ils pas sans cesse réclamé des institutions? N'ont-ils pas répété tous les jours que le ministère était l'ennemi du régime constitutionnel ; que toutes ses intrigues, toutes ses manœuvres avaient pour but d'asservir les chambres, de gouverner par des lois d'exception?

Que les temporiseurs voient les déplorables effets de leur condescendance ; que ces hommes si indulgens pour le pouvoir, que ces députés qui n'accordent jamais un délai aux contribuables, mais qui donnent à l'autorité tout le temps qu'elle demande, disent s'ils étaient des factieux ceux qui demandaient un système municipal, un jury indépendant, une responsabilité des ministres ; qu'ils disent si les craintes n'étaient pas légitimes, si les défiances n'étaient pas fondées. Il n'y a plus de probité politique, disait, l'autre jour, à la chambre des députés, un procureur général qui, depuis 1792, vote aveuglément pour toutes les mesures de l'autorité. C'est probablement de M. Dupont et de M. Girardin qu'il a voulu parler. Le préfet vient d'être destitué, comme l'avait été le magistrat. M. Girardin avait voté contre les lois d'exception ; et, dans un discours plein d'esprit et de modération, il s'était permis de célébrer la gloire des armées françaises : j'aurais gagé que, vingt-quatre heures après, il ne serait plus en place. On ne s'en est point tenu à ce premier acte de rigueur : déjà les guerriers dont s'honore la vieille armée sont devenus suspects. Les généraux Lahoussaye, Pelletier, Morin, ont perdu leur commandement, coupables qu'ils sont de n'avoir pas proclamé tous les Français complices de Louvel. Ainsi, les braves qui, pour me servir d'une expression devenue célèbre, *ne furent point décimés à Waterloo* par le glaive de l'étranger, le seront à Paris par la calomnie et l'épuration.

Mais les rangs civils ne sont pas moins éclaircis que les rangs militaires. Tout ce qui est suspect de quelque amour pour la liberté, de quelque attachement aux idées constitutionnelles, est frappé. On annonce aujourd'hui que M. Laffitte, qu'avaient respecté les fureurs mêmes de 1815, que M. Laffitte, coupable de l'estime de la France et de celle de l'Europe, est destitué de la place de gouverneur de la banque. On lui donne pour successeur M. le duc de Gaëte, et ce choix a paru bizarre. Un duc de l'ancien régime ne dérogerait pas au point de se faire le chef d'un établissement de commerce ; il serait gentilhomme de la chambre d'un prince, mais ne consentirait pas à être le gouverneur d'une banque. Un duc de la révolution pouvait seul accepter un emploi si peu noble, et ce n'est peut-être pas sans dessein qu'on le lui a donné. La vieille noblesse applaudira, sans doute, à cette nomination. M. Laffitte, dont l'honorable réputation ne se fonde pas moins sur ses qualités sociales que sur son vaste crédit, refusait les cent mille francs de traitement assignés à la place qu'il vient de perdre ; un autre les acceptera, sans doute : voilà les seules économies que fasse le ministère. Il faudrait que désormais les électeurs fussent stupides ou insensés, s'ils nommaient des fonctionnaires publics pour les représenter. Les élire, c'est les mettre dans l'alternative cruelle ou de perdre l'honneur ou de perdre leurs places. Un député fonctionnaire est un député de moins.

Sous le régime moral et religieux auquel nous sommes soumis, tout fonctionnaire qui écoute sa conscience au lieu d'obéir à son intérêt; tout magistrat qui préfère l'estime publique à l'or des ministres, est un mauvais citoyen, un malhonnête homme ; c'est dans ce sens que M. Blanquart a dit, en regardant le côté gauche, qu'il n'y avait plus de probité politique : mais le côté droit, et surtout le centre de l'assemblée, sont remplis d'*honnêtes gens.* La sévérité exercée contre M. Girardin, l'un des plus estimables citoyens, des meilleurs administrateurs dont s'honore la France, était urgente. Trois ou quatre fonctionnaires députés n'avaient qu'à s'aviser de manquer à leurs devoirs en écoutant l'honneur, et c'en était fait de l'imposante majorité ministérielle. On dit que déjà deux préfets étaient incertains, et qu'un avocat du roi avait osé se lever pour un amendement. Un grand coup d'état était donc nécessaire, et les foudres de la police sont tombées sur M. Girardin, en attendant qu'elles écrasent MM. Camille-Jordan, Courvoisier et Royer – Collard, qui ont aussi manqué de probité politique.

Puisque, suivant un ministre, c'est trahir le roi que de voter pour le peuple, parlons sérieusement, et vengeons la France de la nouvelle insulte qu'elle a reçue. Non, tout sentiment d'honneur n'est pas éteint dans cette généreuse nation; j'en atteste la patriotique indignation qu'elle éprouve lorsqu'elle voit des hommes serviles se traîner aux pieds d'un pouvoir sans bonne foi; j'en atteste cet élan de tous les cœurs vers les députés fidèles qui défendent glorieusement sur la brèche les libertés nationales. Ah ! la preuve que rien ne peut tarir dans les Français la source de toute vertu, c'est que six ans de ruses, de déceptions et de perfidies n'ont altéré ni leur franchise, ni leur loyauté. La nation est à peine devenue défiante; jamais elle ne sera trompeuse. Certes, aucun peuple n'a été plus indignement joué; eh bien ! à la moindre lueur d'espoir, à la moindre apparence de retour aux principes, il reprend courage; un instant de justice, même incomplète, lui fait oublier des années de tourmens et de malheurs, tant il est facile à gouverner, tant il aime à se confier dans ceux qui sont chargés de son bonheur, tant il a besoin de sentimens affectueux et doux : mais on abuse scandaleusement de sa longanimité ; au commencement de la session, un acte d'*habeas corpus* lui est annoncé, et, trois mois après, les lettres de cachet sont rétablies ; une organisation municipale lui est promise, et les communes sont plus esclaves qu'elles ne l'étaient au XVIe siècle. L'indépendance du jury doit être garantie par les lois, et ce dernier boulevard des libertés publiques va tomber sous les coups du despotisme ministériel. N'avons-nous pas entendu le parquet et la tribune retentir d'outrages contre cette institution bienfaisante? Un procureur du roi a perdu le respect de toute bienséance, de toute pudeur, au point de s'emporter en plein tribunal contre des jurés qui n'avaient point frappé les victimes marquées par le ministère public : un autre, poussé par je ne sais quel vertige, ne s'est-il pas permis la même inconvenance jusque dans la chambre des députés? n'a-t-il pas dénoncé le jury comme trop indulgent? Et ces hommes fulminent quand on ose dire que certains juges sont trop sévères, ils inposent le respect pour les passions des magistrats ; ils soutiennent qu'un juge ne saurait faillir, et ils osent attaquer nu juré jusque dans le sanctuaire de la conscience. Cette haine de certains magistrats pour le jury, ressemble à l'antipathie de certains médecins pour la vaccine.

Et quels sont les jurés qu'on ne craint pas d'accuser avec une telle indécence? des hommes nommés par le gouvernement, des hommes que désigne le préfet. Mais l'esprit public est si détestable qu'on ne saurait trouver dans Paris vingt citoyens qui condamnent aveuglément quand il plaît au ministère de frapper. Les employés même n'ont-ils pas l'audace d'acquiter les prévenus ? c'est une atrocité qui crie vengeance ! c'est un acte de trahison ! Aussi est-il question de destituer tout fonctionnaire salarié par l'état qui, appelé aux fonctions de juré, ne prononcera pas toujours d'après les conclusions du ministère public; il faut faire un exemple comme on l'a fait pour M. Girardin. Les députés sont des jurés choisis par la nation, et on destitue les députés qui ne sont pas les esclaves du pouvoir; si les uns ne sont que des machines à vote, les autres ne doivent être que des machines à condamnation. Électeurs, éligibles, élus, jurés, magistrats, fonctionnaires, employés, tout doit être servile, tout doit être sans conscience, sans énergie, sans force morale; sous des visirs, il ne faut que des eunuques. Qui le croirait? dans les dernières affaires politiques qui ont été jugées aux assises de Paris, le ministère public, dont M. Jacquinot de Pampelune a fait un si pompeux éloge, le ministère public n'a pas trouvé assez de Séides dans les jurés de M. le préfet, et il a récusé deux des plus illustres membres de l'Académie des sciences, MM. Arago et Prony, qui sont estimés de toute l'Europe.

Et la magistrature prétend qu'on veut l'avilir! Que la magistrature se respecte elle-même! Une commission de surveillance vient d'être établie pour les journaux; le ministère, qui veut se réserver tous les profits de la censure, et qui veut en rejeter tout l'odieux sur d'autres, avait d'abord proposé d'investir d'un pouvoir funeste des délégués des deux chambres. Celles-ci ont vu le piége ; elles ont craint d'être des instrumens d'oppression : mais ce qu'elles ont refusé, des magistrats l'acceptent.

Ce n'est pas tout encore ; le ministère public vient de faire une démarche unique dans les fastes du palais. Une souscription a été ouverte au profit des suspects qui seront détenus sans être jugés ; la bienfaisance publique a volé au secours du malheur, et le procureur général a dénoncé la compassion comme criminelle, la charité comme séditieuse. Les éditeurs des journaux constitutionnels ont été cités devant le juge d'instruction comme coupables d'avoir déclaré que tous les suspects ne mourraient pas de faim, que leurs enfans recevraient des secours et leurs veuves des consolations. Vous auriez peine à vous imaginer les ignobles fureurs et les honteux sophismes qu'ont entassés à ce sujet les journaux ministériels.

On dirait que le trône est en danger parce que quelques infortunes seront adoucies ; cette faction parle sans cesse de morale, de religion, de sensibilité, et tout en elle trahit le secret de la haine et la sécheresse du cœur : c'est une férocité froide qui se nourrit de vengeances et qui s'abreuve de pleurs. Il lui faut des malheureux qu'elle torture dans les angoisses du secret ; elle intercepte jusqu'au rayon d'espoir que l'humanité essaie de faire pénétrer au fond des cachots ; les victimes sont sa propriété exclusive : soulager leurs maux, c'est lui ravir une jouissance ; essuyer leurs larmes, c'est lui faire un larcin.

Les conditions de la souscription devaient être insérées dans les journaux quotidiens ; la nouvelle censure les a impitoyablement repoussées. Les portes des cachots ministériels sont comme celles des enfers. N'a-t-on pas osé dire que c'était provoquer la désobéissance aux lois d'exception que de secourir leurs victimes ? Ainsi Vincent de Paule étoit en rébellion contre les magistrats, quand il revêtissait la livrée du crime pour secourir l'infortune ; quand sa vertu, parée de la chaîne des forçats, s'élevait à l'effort le plus sublime pour faire descendre les consolations du ciel dans l'asile de la misère. Mais que parlé-je de forçats? des galériens sont plus dignes de compassion que des suspects ; on peut secourir sans honte un scélérat que la justice condamne, et l'on ne peut sans crime soulager un innocent que ses ennemis n'osent pas même accuser.

Mais, s'écrient quelques hommes endurcis, la loi sur les suspects ne recevra pas d'application; eh bien ! les souscriptions ne seront pas employées; si l'autorité est toujours prête à frapper, la bienfaisance sera toujours prête à secourir. Ses trésors doivent sans cesse être ouverts. L'autorité peut attendre pour frapper un innocent; mais une minute est un siècle pour le malheureux qui souffre ; le baume doit être aussi prompt que la blessure. Le comité d'administration l'a déclaré : toutes les sommes qui ne seront point employées à secourir des détenus, seront appliquées à d'autres œuvres de bienfaisance ; moins il y aura d'arrestations, plus il y aura de misères adoucies. Le sort d'une multitude d'infortunés est entre les mains des ministres ; chaque détention arbitraire sera un vol fait dans le tronc des pauvres.

C'est une association clandestine, dit-on.—Elle est publiée dans tout le royaume. — Elle peut devenir dangereuse. — Voyez les noms de ceux qui la composent. Ils croient se montrer modestes en assurant qu'ils méritent autant de confiance que trois ministres, quels qu'ils soient. Mais ose-t-on bien parler d'association clandestine, de comité directeur, à propos de secours et d'œuvres de bienfaisance qui reçoivent la plus éclatante publicité, quand un magistrat, quand le conseiller d'une cour royale dénonce aux chambres, dénonce à la France, à l'Europe, un comité secret qui aiguise dans toute la France les poignards de la guerre civile ; un comité qui a dans tous les départemens des correspondances, des affiliations ; un comité qui, le lendemain même de l'assassinat de l'infortuné duc de Berri, avertissait circulairement tous ses affidés que la faction profiterait du crime de Louvel pour chasser de la cour un ministre du roi, et que s'il n'en était point banni, ELLE SAURAIT BIEN L'EN ARRACHER. C'est M. Madier de Montjau, conseiller à la cour royale de Nîmes, qui signale ce crime de lèse-majesté; c'est lui qui se déclare prêt à nommer devant les tribunaux les auteurs de cette violence dont certains hommes se sont du moins vantés, s'ils ne s'en sont point rendus coupables. Cette pétition de M. Madier doit produire une grande sensation en Europe; il déchire d'une main courageuse tous les voiles qui cachaient encore les massacres du Midi; il montre les membres palpitans de seize citoyens égorgés à la porte du collége électoral de 1815; et il voit les mêmes horreurs prêtes à se renouveler encore par suite du système de contre-révolution audacieusement annoncé.

Tous les magistrats ne sont donc pas les complaisans du pouvoir. S'il en est trop qui aspirent à la honteuse célébrité des Jeffries et des Laubardemont, il est encore des Lavacquerie qui aiment mieux être martyrs que persécuteurs; il est encore des Mathieu Molé qui craignent plus les remords de leur conscience que les poignards des factieux. « C'est au milieu des assassins que je trace ces lignes, s'écrie M. Madier; si je succombe, je ne vous recommande pas mes deux fils, messieurs les députés; ils seront assez riches de mon nom et de mon exemple. » La censure a défendu l'insertion, même par extrait, de ce courageux mémoire : je m'en suis procuré un exemplaire dont je vous garantis l'authenticité, et je vous l'envoie; c'est une pièce historique de la plus haute importance. Le ministère cherchera sans doute à l'étouffer dans la commission des pétitions ; mais elle retentira fortement dans toute la France.

On dit que les ministres ont montré beaucoup d'humeur contre M. Madier. Quel dommage qu'en sa qualité de conseiller à la cour royale il ait reçu l'institution! comme on le révoquerait bien vite pour lui apprendre à soutenir qu'il y a eu des massacres dans la bienheureuse année 1815, à croire qu'on peut mettre quelque confiance dans une garnison qui ne fraternise pas avec des assassins ! comme on le punirait de l'irrévérence avec laquelle il ose parler de Troistaillons, de Truphémy et autres honnêtes gens de cette force ! Mais patience, si l'on ne peut pas le révoquer, on peut du moins le faire changer de place, et au premier jour on l'enverra dans l'île de Corse pour avoir dénoncé des crimes qui sont des vertus, et des assassinats qui sont des œuvres méritoires.

Il existerait un autre moyen plus prompt d'imposer silence à ce juge factieux; que ne lui applique-t-on la loi sur la liberté individuelle? N'est-ce pas une machination contre l'état, que de dénoncer les illustres soutiens de la bonne cause, que d'appeler la défiance sur les troupes étrangères, l'intérêt sur les légions nationales, et la pitié sur les protestans? Mais cette loi sur les suspects est une arme impuissante ! Elle sera pour la France ce que la commission prevôtale de Mayence a été pour l'Allemagne. On en a fait grand bruit, et les peuples ne s'en sont point effrayés. On fait de l'arbitraire plus aisément que de la terreur; personne ne craint une mesure qui atteint tout le monde; la loi d'exception sur la liberté individuelle est dans ce cas; dans la pensée des ministres et des ultras, elle est destinée à comprimer tout ce qui veut défendre les intérêts et les principes de la révolution; il y a donc en France vingt-sept millions de suspects; le reste, en admettant qu'il se compose exclusivement de gendarmes et de geôliers, serait insuffisant pour nous réduire et pour nous garder. De pareilles lois ne sont funestes qu'à ceux qui les proposent; c'est un glaive dont ils menacent leurs ennemis, et dont ils reçoivent eux-mêmes de mortelles blessures.

Toutes les entraves, tous les fers qu'on forge chaque jour dans les ateliers ministériels, n'ont d'autre but que de nous livrer sans défense et sans mouvement aux fureurs ambitieuses de l'oligarchie ; changer le système électoral, annuler tous les intérêts nouveaux, faire représenter les acquéreurs de domaines nationaux par les émigrés, les héros d'Austerlitz par les héros de diligence, les bourgeois par les nobles, les protestans par les missionnaires, les contribuables par les sinécuristes, les hommes qui paient par les hommes qui sont payés, ce n'est pas une entreprise exempte de dangers.

Le ministère a bien prévu le mécontentement, et il a demandé des cachots pour l'étouffer ; il s'est attendu à la plainte, et il a rendu la presse esclave en attendant que la tribune soit muette.

Je suis, etc.

★★★★

———

PÉTITION A LA CHAMBRE DES DÉPUTÉS.

MADIER DE MONTJAU, *conseiller à la cour royale de Nîmes, chevalier de la Légion d'honneur,*

A Messieurs les membres de la chambre des députés.

> ...... Ego hoc tamen assequar ut judicium potiùs reipublicæ, quàm aut rei judicibus aut accusator reis defuisse videatur.
>
> CIC., *in Verrem.*

Messieurs de la chambre des députés,

Les pétitions qui contiennent des vœux pour le maintien de nos institutions sont repoussées comme prématurées. Je ne viens donc pas répéter ces vœux condamnés au silence. Je ne viens pas non plus exprimer des regrets superflus : si je vous entretiens de mes craintes, c'est en m'appuyant de faits multipliés qui vous prouveront combien elles sont fondées. Si je suis contraint à jeter un regard sur nos maux passés, c'est pour vous montrer combien sont probables, et combien seront terribles ceux dont nous sommes menacés. Daignez accueillir avec attention et intérêt une pétition, individuelle à la vérité, mais inspirée par une conviction profonde, et par le désir ardent de préserver ces contrées de l'incendie que je vois près de s'y rallumer. Écoutez-moi, quoique je me présente seul, et précisément parce que je suis seul, députés de la nation; un homme seul n'affronte pas, sans la certitude d'une immense utilité, mille poignards dirigés contre lui. Je ne vous dirai pas qu'en présence de la mort on respecte la vérité, parce que mon nom et les fonctions que j'exerce, à la hauteur desquelles je me suis toujours maintenu, sont (j'ose le dire) d'assez sûrs garans de la sincérité de mes paroles.

J'implore votre intervention, parce qu'elle seule peut calmer les alarmes de ce malheureux département du Gard, qu'effraient également les horribles souvenirs du passé et les possibilités de l'avenir.

Le 17, la fatale nouvelle parvint à Nîmes; tous les amis de la patrie (et dans l'idée de patrie je réunis les Bourbons et la France), tous furent navrés de douleur. Des joies atroces furent aperçues....., mais parmi ceux qui déjà calculaient ce qu'un parricide exécrable devait produire à leur égoïsme et à leur lâche ambition.

Le 18, dans la journée, arriva à Nîmes une circulaire sous le n° 34, adressée par le comité directeur de Paris, et portant entre autres choses.... « Ne soyez ni surpris » ni effrayé; quoique l'attentat du 13 n'ait pas amené sur- » le-champ la chute du favori, agissez comme s'il était » déjà renversé. Nous l'arracherons de ce poste, si l'on » ne consent pas à l'en bannir. En attendant, organisez- » vous! les avis, les ordres et l'argent ne vous manque- » ront pas. »

Immédiatement et pendant les deux jours qui suivirent la réception de cette circulaire, on entendit crier, ou pour mieux dire, hurler les *vive le roi,* dont ils savent faire une provocation ; on revit les pantalons à bandelettes ; on entendit crier sur le boulevard : « *Pourquoi, en* » 1815, *n'avons-nous pas fait fin de cette race ?* » En un mot, l'attitude des hommes de la funeste année devint aussi terrible que l'avaient ordonné leurs chefs de Paris.

La nouvelle composition du ministère ne satisfaisant pas entièrement leurs espérances, ils parurent un moment moins menaçans ; mais afin de remonter tous les ressorts, on fit venir ce trop fameux colonel, qu'à toutes les époques de troubles Nîmes voit apparaître comme un sinistre présage ; ce colonel, que notre triumvirat de 1815 trouva trop dangereux pour ne pas l'éloigner, et à qui il promet en 1820 de faire donner le commandement militaire du Gard, dès qu'on jouira du ministère *aux moyens extrêmes.* Cette apparition produisit l'effet désiré, et le zèle fut si bien exalté, que dans un des lieux publics où les implacables de 1815 tenaient leurs détestables conseils, un des plus forcenés (dont les paroles furent approuvées et commentées par un autre), un des plus forcenés s'écria : « Qu'attendons-nous ? et qu'im- » porte que nous n'ayons pas encore un ministère roya- » liste ; sabrons ces misérables, leur sang produira des » royalistes ; n'est-ce pas avec du sang et de la terreur » qu'en 93 ils ont fait des républicains ? »

Cette ardeur se serait bientôt répandue au dehors, sans l'arrivée d'une circulaire portant le n° 35, et dans laquelle se trouvaient ces phrases..... « Nous vous deman- » dions il y a peu de jours de prendre une attitude im- » posante ; nous vous recommandons aujourd'hui le cal- » me et la réserve les plus soutenus. Nous venons de » remporter un avantage décisif en faisant chasser De- » cazes. De grands services peuvent nous être rendus

» par le nouveau ministère ; il faut donc bien se garder
» de lui montrer des sentimens hostiles. Nous vous le
» répétons ; du calme, le plus grand calme.

» Il faut diriger tous vos soins vers les adresses. Il est
» très-fâcheux que, sur ce point, les libéraux nous aient
» prévenus, et que leurs adresses soient rédigées avec une
» infernale habileté. Cela nous prouve de plus fort com-
» bien ce parti sait s'entendre d'un bout de la France à
» l'autre. De notre côté, ne cessons pas de nous entendre.
» Il faut que nos adresses soient nombreuses ; faites - en
» jusque dans les hameaux, et, qu'à côté des sentimens
» de douleur, se trouve énergiquement exprimée la né-
» cessité de venger cet attentat et d'anéantir les doctrines
» libérales. »

Non moins dociles à ces nouveaux ordres qu'aux premiers, les implacables s'occupèrent sans délai de leurs
adresses. Alors nous entendîmes le village de Sauve demander dans la sienne des mesures PROMPTES ET TER-
RIBLES ; alors nous entendîmes un fonctionnaire très-re-
levé présenter à un conseil municipal un projet d'adresse,
où se trouvaient ces mots : *Il est temps, Sire, il est temps
d'abjurer la clémence, et de ne régner que par l'épée !*

J'ai acquis la certitude que la circulaire 35 est partie
le même jour pour tous les départemens, et les adresses
que cette circulaire a inspirées ont été les mêmes d'un
bout de la France à l'autre.

Ces faits, messieurs les députés, doivent être bien connus des ministres ; ils ne doivent pas ignorer par qui ont
été portées de Paris ici, en moins de trois jours, ces deux
dernières circulaires et les trente trois qui les avaient pré-
cédées. La police doit avoir fait retentir à leurs oreilles
les paroles horribles que je viens de rapporter, et dans
lesquelles les implacables dévoilent leur secret pour créer
des royalistes. Si les ministres ne le savent point par la
police ordinaire, ils doivent le savoir par la police du duc
de Feltre dont un des agens était présent, lorsque ces pa-

roles ont été proférées : à moins que cette police n'ait servi avec fidélité que celui qui nous l'a léguée et le rédacteur des circulaires.

Sera - ce également de moi que les ministres devront apprendre quel est le redoutable factieux qui a rédigé et envoyé ces trente-cinq circulaires ?..... Qu'ils sachent donc qu'elles sont l'ouvrage de cet homme à la tête et au cœur machiavéliques, lequel dit, en 1815 : *Quoi ! monsieur de***, vous venez devant moi vous vanter d'avoir sauvé la vie du maréchal Soult, après l'avoir fait arrêter ! Insensé ! apprenez de moi que, dans les conjonctures où nous sommes, on n'arrête pas un maréchal de France; on le tue !* Les ministres ont-ils besoin d'une désignation plus claire ? Faut-il leur articuler ce nom ? Eh bien ! je le leur dirai, mais devant les tribunaux, le jour où ils mettront ce grand coupable en accusation, ainsi que la France l'a un moment espéré après la découverte de la note secrète.

Les implacables de Nîmes oseront-ils me démentir ? Qu'ils me démentent; mais qu'ils tremblent en songeant que tous leurs complots sont révélés à l'instant même où ils les forment, par des personnes qui, désespérées d'avoir été un moment entraînées par eux, se condamnent au supplice de les entendre et de les voir encore, afin de déjouer leurs sanguinaires desseins.

Qu'ils entreprennent aussi de nier les faits qui me restent à dévoiler. Dans la nuit du 7 au 8 janvier, n'ont-ils pas, réunis au nombre de vingt, formé un conciliabule pour ordonner une inspection secrète de leur garde nationale, et y remplacer plusieurs bas officiers décédés ? N'ont-ils pas, dans ce conciliabule, arrêté leur plan d'attaque et de calomnie contre la garnison, et en obtenir la translation ?

Par l'intermédiaire de mes amis, j'ai prévenu le ministre de la guerre du moment où cette demande lui serait adressée; j'ai nommé le personnage obscur qui la présenterait à Paris, et qui la ferait appuyer par un personnage éminent ; enfin, j'ai dit les infâmes motifs de cette demande. Frappé de l'évidence de ces motifs et de la coïncidence de mes avertissemens avec les démarches qu'il a vu faire autour de lui, son excellence le ministre de la guerre a reconnu combien il importait à la tranquillité du Gard de laisser à Nîmes la même garnison : son excellence a fait et réitéré à mes amis la promesse de ne pas éloigner cette garnison.

L'événement affreux du 13 a fait renouveler les mêmes démarches. Cette fois les implacables ont été satisfaits. L'ordre est donné, et sera dans peu de jours exécuté : on les délivre de cette garnison incommode, coupable d'une discipline parfaite et de sentimens élevés, coupable surtout de n'avoir jamais voulu fraterniser dans aucune orgie avec les assassins de cette garnison, non moins infortunée que brave, égorgée à Nîmes, en 1815, après une capitulation.

A notre ancienne garnison vont succéder les Suisses ! Je ne suis pas encore assez *bon Français*, je l'avoue, pour ne pas m'attrister de voir ces étrangers remplacer nos légions, et il suffirait de la joie immodérée qu'en témoignent les hommes de la désastreuse année, pour m'avertir que cet événement est affligeant.

Vous le savez, ministres du roi, et j'en ai encore les preuves, le gouvernement a été pleinement convaincu, qu'au mois de mars dernier, un complot sanguinaire avait été formé contre cette partie de la population de Nîmes, dont le sang avait coulé en 1815 ; que ces hommes, réduits à s'armer pour leur défense, avaient montré autant de sagesse que de résolution, et que leur courage avait sauvé le département. Ministres du roi, je vous en conjure, si ce n'est par reconnaissance, ah ! du moins par humanité, ne laissez pas Nîmes, un seul jour, sans une garnison forte et inaccessible à l'esprit de parti. Les mêmes circonstances amèneraient les mêmes résultats, et ces hommes, si long-temps opprimés, ne sont pas aujour-d'hui moins disposés qu'au mois de mars dernier à vendre chèrement leur vie à leurs assassins.

Mais, me répondra-t-on peut-être, vous avez écrit naguère que le calme régnait à Nîmes. Je n'ai pu, je n'ai voulu parler que de ce calme extérieur qui souvent précède la tempête. Nous étions tranquilles aussi au mois de juillet 1815, et depuis quarante-huit heures le drapeau blanc flottait sur nos maisons, lorsque les implacables firent tout à coup sonner le tocsin, dans cette nuit effroyable où six mille furieux accourus à ce signal, se précipitèrent dans Nîmes, et la traitèrent comme une ville prise d'assaut.

Le calme semblait renaître aussi depuis quelques jours, lorsque, l'avant-veille des élections de 1815, *seize personnes furent égorgées et portées à la voirie en plein jour.*

Oui, le calme règne; mais la rage d'un côté et le désespoir de l'autre possèdent tous les esprits. Le calme règne; mais les partis s'observent en frémissant.

Et comment en serait-il autrement? Naguère les implacables reconnaissaient par leur silence l'équité de cette tardive satisfaction accordée aux mânes des victimes de 1815; ils se taisaient sur les arrêts de la cour d'assises de Riom. Après avoir conçu le projet d'envoyer à Riom un avocat dévoué pour y défendre Servant et Truphémy, ils reculèrent devant ce grand scandale; eh bien! aujourd'hui, ils disent partout..... grand Dieu!.... ils disent que Servant était innocent! Et telle est la terreur qu'inspire une si extrême audace, que j'ai entendu un citoyen recommandable se faire l'écho de ces discours, et me dire : « *Le sang innocent vient d'être répandu à Riom!* »

Je consens à ne point parler de la souscription ouverte en faveur de Truphémy; mais ce qu'ils n'oseront pas nier, c'est d'avoir envoyé à Valence pour y défendre ce grand coupable, rival et peut-être maître de Troistaillons, le major de leur garde nationale, membre du barreau de Nîmes. Cet avocat, qui avait obtenu un triomphe complet dans l'honorable défense de Boissin, l'assassin du général Lagarde, a été moins heureux dans la défense de Truphémy; mais il lui a évité une condamnation capitale. Aussitôt on a vu la faction semant partout d'incroyables discours sur le malheur de Servant, qui, disent-ils, aurait été acquitté, si son jugement avait été retardé de trois mois, et sur la sévérité de l'arrêt de Truphémy, pour lequel ils ont l'impudence d'annoncer un recours en grâce.

Toutes les sourdes provocations sont employées; mêmes menées qu'en 1815, 1816 et 1819, au mois de mars : annonce du débarquement de Napoléon, affiches de placards incendiaires; et si, dans Nîmes, ils ne poussent pas encore des cris séditieux, on le doit à la crainte que leur inspire l'intrépidité du procureur du roi; on le doit au souvenir de la condamnation, qui, sur les poursuites de ce magistrat, fut prononcée l'année dernière contre le sieur Bois de Milhau, dont le jugement a légalement constaté *que le sieur Bois avait eu plusieurs conférences avec son ami Troistaillons avant de proférer, dans les campagnes, ces cris de* VIVE L'EMPEREUR! que Bois et son digne ami espéraient pouvoir attribuer aux protestans.

Enfin, pour achever de troubler les esprits et compléter la terreur, ils ne daignent plus cacher que leur garde nationale est armée; ils disent qu'elle va bientôt obtenir une ordonnance qui lui rendra une existence légale; ils ajoutent, dans leur folle jactance, qu'elle veut solliciter l'honneur de servir d'avant-garde à la sainte alliance, pour aller faire rentrer l'Espagne dans le devoir. Loin de bannir les prolétaires de leurs rangs, ils veulent y rappeler une poignée de misérables qu'ils avaient été obligés d'éloigner, lorsqu'ils voulurent apaiser par un commencement d'épuration le général Lagarde, dont le nom héroïque se lie à tout ce qui a pu soulager les souffrances de ces malheureuses contrées.

Je me fais un devoir de reconnaître (et, certes, ce n'est

point par un sentiment de crainte, mais d'équité, que je
me plais à consigner ici cette vérité), je reconnais que
beaucoup de citoyens très-honnêtes ne sont entrés dans
cette garde nationale que dans l'espoir de lui imprimer
une bonne direction; qu'ils n'y sont restés, qu'afin d'empêcher que son exaltation ne devînt encore plus dangereuse, et que si, malgré l'inutilité de leurs efforts, ils
n'en sont pas sortis, ils n'ont pas cessé de gémir hautement des excès dont ce corps a toujours été le complai-
sant et immobile témoin. Voilà ce que je dois dire de
beaucoup d'individus : mais quant à l'esprit du corps, il
a été jugé par la France.

Députés de la nation, je vous conjure d'interposer vos
recommandations auprès des ministres de sa majesté pour
faire opérer le désarmement de cette redoutable garde
nationale; je vous conjure d'en prévenir la réorganisation, si vous regardez comme le plus grand des fléaux la
guerre civile.

N'en serait-elle pas le signal, la réorganisation de cette
garde? je vous adjure de le déclarer, vous, membre de la
chambre des députés, alors un des ministres du roi, et sous
le ministère de qui nous reçûmes le bienfait de son licen-
ciement.

D'autres calamités nous sont annoncées, et nous devons
les regarder comme certaines, depuis que nous savons
qu'elles ont été sollicitées par les mêmes hommes qui vien-
vent d'obtenir l'expulsion de la garnison. Les implacables
se vantent du renvoi du procureur du roi et du maire de
Nîmes; et en effet, les ministres aux *moyens extrêmes*, les
ministres qui ne veulent que *sept hommes par départe-*
ment, doivent réserver à ces deux courageux magistrats,
l'honneur des deux premières lettres de cachet qui sortiront
de leur portefeuille.

Une demande d'une haute importance me reste à présenter à la chambre; mais pour lui en démontrer l'urgence,
pour lui démontrer que c'est à elle seule que je pouvais re-

courir, quelques considérations générales et rapides sont nécessaires sur la position des divers corps de magistrature en France.

Les uns, au moment de la grande calamité, se sont renfermés dans le langage d'une douleur profonde; d'autres ont mêlé à leurs soupirs des accusations. Aussitôt (et sans doute au grand regret de ces magistrats), une faction s'est emparée de leurs paroles et a prononcé l'anathème contre les magistrats qui n'ont ni accueilli ni propagé la pensée d'une vaste et générale conspiration. Il en est arrivé que, dans cette crise, où une faction s'élance vers le pouvoir et paraît certaine de s'en saisir, une partie de la magistrature s'est trouvée, de fait, comme dépouillée de son autorité par l'influence des implacables, auprès de qui toute modération est un crime, et qui taxent de lâcheté des actes d'une haute sagesse.

Des magistrats, égarés par des traditions funestes, prendraient-ils pour de la fermeté la barbare et insolente obstination que mirent, dit-on, leurs devanciers à ne point réhabiliter la mémoire de Calas? Prendraient-ils pour du dévouement ce déplorable zèle à séparer la nation du monarque, et ces insultes à la douleur d'un peuple généreux, qui s'est uni si vivement à la douleur de son roi?

S'élançant avec violence hors des attributions dans lesquelles nos lois, d'accord avec l'expérience, les ont si heureusement renfermés pour la commune tranquillité des princes et des sujets, ils ont soumis la France entière à leur véhémente mercuriale; ils ont fulminé un acte d'accusation où chacun se trouve inculpé. Que dis-je? importunés qu'ils paraissent être de vos prérogatives, ils étendent déjà leur haute police jusqu'à vous, messieurs de la chambre des députés; ils font peser leurs remontrances hautaines sur quelques-uns de vos collègues, dont ils dénaturent les opinions pour les frapper d'anathème.

Parce qu'un monstre exécrable a profané des mots sacrés après avoir commis un parricide, ils accusent les doctrines libérales, et ils semblent oublier les attentats auxquels, dans tous les temps, une religion sainte a servi de prétexte! Ils oublient qu'un prêtre, respectable jusqu'alors, courageusement dévoué jusqu'alors aux victimes de la persécution, a été contraint à la plus cruelle expiation de cette conduite évangélique; qu'il a été obligé, sous peine de mort, à demander en rougissant à un de nos princes la liberté de Troistaillons, arrêté par ordre du général Lagarde; ils oublient les belles paroles par lesquelles ce prince rappela à ce pasteur et ses devoirs et sa vie passée; ils oublient que, sous leurs yeux, Lagarde et Ramel, tous deux représentans du roi, sont tombés sous le fer meurtrier aux cris de VIVE LE ROI; ils oublient enfin que c'est encore sous leurs yeux que les assassins de Lagarde et de Ramel ont été acquittés aux cris de VIVE LE ROI; et, lorsque pas un de ces écrivains qu'ils dénoncent n'a eu l'impiété d'accuser ni le roi, ni la religion, de tant de forfaits commis en leur nom, ils ne craignent pas d'accuser du forfait le plus abominable ces écrivains généreux, et tout un peuple encore noyé dans les larmes, et dont ils semblent ne comprendre ni la générosité, ni les vœux.

Magistrats des cours royales du Midi, l'âme du monarque est déjà en proie à trop d'affliction, ne la troublons point davantage par des conseils violens. Commençons par rendre la sécurité aux peuples, dont l'épouvante est entretenue par l'impunité des assassins de Brune, de Lagarde et de Ramel. Comprimons par notre fermeté les véritables anarchistes, les véritables factieux, ceux qui ont conduit le bras des *Verdets*, ceux qui ont organisé ces sociétés secrètes, tribunaux veimiques qui menacent de renverser les nôtres. Si, après ces actes de justice que nous devons au peuple, nous le trouvons encore indocile ou défiant, ah! c'est alors que nous aurons vraiment acquis le droit de l'accuser et de le punir!

Magistrats des cours royales du Midi, je vous en conjure, au nom du roi et de la patrie, écoutez-moi! Si

vous portez le poids d'une grande âme et d'une noble ambition, écoutez-moi ! Nos institutions les plus saintes peuvent
incessamment être renversées par les atteintes qui leur
sont portées sans relâche par des furieux réunis à des
hommes pusillanimes. Avant le choc effroyable que cette
criminelle témérité prépare, hâtons-nous d'acquérir des
titres à la reconnaissance et au respect des peuples, si nous
voulons pouvoir leur offrir au milieu des orages une salutaire médiation ! Que ceux d'entre vous qui regrettent peut-
être les priviléges des anciens magistrats, se rappellent
aussi les glorieux exemples qu'ils nous ont laissés. Je sais
qu'on les vit tour à tour esclaves prosternés sous le fouet
de Louis XIV, et tribuns redoutables sous l'infortuné
Louis XVI ; mais s'ils ne nous avaient légué que ces souvenirs, la postérité, qui a déjà commencé pour eux, ne
leur accorderait pas ce tribut de vénération et de reconnaissance, que les générations futures leur paieront comme nous.

Imitons-les dans leur héréditaire et inébranlable fermeté
contre les usurpations de Rome ; et si la gravité des circonstances vous paraît excuser et légitimer des démarches inac-
coutumées, oui, portons au pied du trône *des doléances,*
mais dans lesquelles nous peindrons au monarque la déso-
lation publique à l'approche de ce concordat que les ministres laissent suspendu sur nos têtes ; de ce concordat qui menace d'envahir la France, et qui complétera son déshon-
neur, quand elle aura perdu d'autres libertés attaquées en
ce moment avec autant d'imprévoyance que de fureur.

Magistrats des cours royales du Midi, ce que nos devanciers auraient envisagé comme de simples devoirs, nous paraît encore des vertus difficiles à atteindre. Ne soyons donc
pas plus sévères pour la nation, qui nous juge à son tour,
que les étrangers dont elle a conquis l'estime. Ne l'accusons
pas cette nation, et laissons au roi seul à décider si son peuple n'a pas été encore plus calme, encore plus résigné, encore plus grand dans ses infortunes, que les magistrats n'ont
été intrépides dans l'accomplissement de leurs devoirs.

Qu'on me pardonne ces observations trop fondées, et qu'on ne m'accuse point de m'ériger sans besoin et sans droit en juge des discours de plusieurs corps de magistrature : comme Français et comme magistrat moi-même, j'ai le droit, et peut-être le devoir d'opposer ces salutaires réflexions *aux écarts d'un zèle trop ardent*. J'ai la conscience de n'avoir rien dit qui doive être repris; j'ai la conscience de n'avoir point, par ces paroles, diminué la dignité de la toge. C'est vous que j'en atteste, vous sage et courageux député, qui êtes à la fois le chef et la gloire de la cour de Nîmes; et vous magistrat aussi intègre qu'intrépide député, vous que la magistrature eut la douleur de voir repousser de son sein à l'époque où une première présidence récompensait les services d'un procureur-général célèbre en 1816 et 1817.

Pour prouver à la chambre que l'influence de la faction aux notes secrètes, pèse, du moins en quelques lieux, sur la magistrature d'une manière non moins funeste en 1820 que dans les années antérieures, je pourrais l'entretenir d'un outrage également affligeant pour la morale publique et pour la dignité de la cour royale, qui vient de se voir dans la nécessité de le tolérer sans se plaindre. Je consens à me taire sur ce point : il est des voiles que je ne veux pas déchirer; mais je vous le demande, députés de la nation, par quelle force seraient appuyés en ce moment des magistrats courageux, s'ils réclamaient pour le châtiment des coupables les plus avérés, l'exécution de l'article 235 du Code d'instruction criminelle, article qui, jusqu'à présent, n'a été invoqué qu'une fois, et en faveur des Suisses !

Quel ministre même se croirait assez puissant pour oser ordonner en ce moment la poursuite des hommes qui ont *suicidé* le maréchal Brune ?

Et cependant si, au moment où l'on ose répandre que Truphémy demandera sa grâce, et que Servant est un martyr, aucune poursuite n'est dirigée contre leurs complices, au premier désordre les chefs de la faction pourront, en frappant du pied la terre, en faire sortir ici, je ne dis pas une bande, mais une armée d'assassins.

Vous seuls, députés de la nation, pouvez demander ces exemples de la justice aujourd'hui indispensables; vous seuls pouvez, par votre intervention, arrêter cette puissance secrète, aussi forte qu'indéfinissable, et qui semble paralyser les honorables intentions du ministère actuel. Loin de moi la pensée de vouloir diminuer la haute estime dont je vois en possession plusieurs hommes placés à la tête des affaires, et dont les noms réclament un respect, qu'il serait si doux pour les bons citoyens d'accorder à leurs actes. Loin de moi l'idée qu'on ne peut fonder aucune espérance sur un ministère où je trouve un homme que je suis accoutumé dès l'enfance à respecter, et qui a partagé avec mon père les douleurs de l'exil du 18 fructidor; où je trouve ce grand magistrat dont le courage et le talent brillèrent d'un si vif éclat dans son discours mémorable prononcé il y a un an à pareil jour que celui-ci.

Hélas! qui nous eût dit, lorsque ces criminels furent glacés d'effroi par ce discours plein de franchise et d'énergie, qu'un an après ces criminels seraient non-seulement impunis, mais menaçans? Non, ce n'est pas vous que la France accuse, vous à qui j'adresse d'autant plus hautement cet hommage que la magistrature en deuil cessera de vous avoir pour chef, dès que le pouvoir aura été saisi par les hommes de nos adversités. Elle en accuse cette redoutable faction qui méconnaît tous les engagemens autres que celui pris avec ses sicaires de les protéger contre la vengeance des lois.

Députés de la nation, demandez justice dans l'intérêt du département du Gard tout entier; demandez aux ministres de poursuivre Truphémy et Troistaillons, mais loin de Nîmes et des départemens du Midi.

Mon honorable ami, le procureur du roi de Nîmes, en acceptant ses difficiles fonctions il y a quinze mois, déclara avec franchise qu'il ne s'imposait pas l'obligation d'accé-

-der aux demandes que lui présentaient en foule les familles des victimes de 1815, et qu'il ne croyait pas avoir été nommé précisément pour apurer un effroyable arriéré ; qu'il croyait pouvoir garantir par sa fermeté la tranquillité de l'avenir, sans remonter vers le passé ; qu'à la vérité tous les crimes qu'on voulait punir étaient des crimes individuels; mais que le nombre des assassins était si grand, que la pensée de les punir tous était affligeante; que plusieurs années s'étant déjà écoulées, un choix parmi ces grands criminels était un acte qui semblait n'appartenir qu'au gouvernement; qu'enfin les coupables de 1815 seraient par lui poursuivis sans faiblesse comme sans délai, dès qu'ils se rendraient coupables de quelque faute nouvelle. Les mouvemens de mars ayant eu lieu, et Truphémy s'y étant fait remarquer ainsi que Servant, ils furent poursuivis.

J'applaudis à cette règle de conduite du procureur du roi, et chacun sait quels efforts je n'ai cessé de faire pour apaiser les plaintes de ceux qui s'irritaient de ses refus. Je répétais que ce sacrifice était nécessaire à la paix publique, que les instigateurs des forfaits de 1815 seraient sans doute les premiers à exhorter leurs satellites à se faire oublier et à rester tranquilles, puisque ce n'était qu'à cette condition qu'ils pourraient échapper aux poursuites. Enfin, lors du procès de Truphémy et de Servant, j'insistais plus fortement que jamais sur la nécessité de ne poursuivre les auteurs des faits de 1815, que dans le cas où ils montreraient par des excès nouveaux l'intention de retomber dans les mêmes crimes.

Ces deux grands exemples de Servant et de Truphémy semblaient avoir amené leurs complices à une crainte salutaire ; plusieurs s'étaient-éloignés de Nîmes, les autres continuaient à y rester, mais sans encourir de nouveaux reproches. Depuis un mois tout a changé : les fugitifs sont rentrés fièrement, ils parlent de Servant avec attendrissement, de Truphémy avec confiance ; ils ne se montrent pas encore en armes, mais déjà leurs regards sont menaçans.

Les temps ont entièrement changé; voilà pourquoi je vous

supplie, messieurs les députés, de demander que des poursuites soient dirigées contre Truphémy et Troistaillons. Contre ce dernier, pour les horreurs qui lui ont valu son effrayante
réputation. Quant à Truphémy, acquitté à Nîmes en 1816,
pour vol commis à main armée, et avoué par lui sur le banc
même des accusés, il vient d'échapper à la peine capitale
pour le meurtre de l'officier qu'il égorgea le 2 août; mais
il reste à le poursuivre encore pour dix assassinats, sur onze
dont il s'est publiquement vanté! Voilà l'homme pour lequel
ils veulent former un recours en grâce!!

Eh bien! qu'en sa double qualité d'avocat et de major de
la garde nationale de Nîmes, le défenseur de Boissin aille
dix fois encore arracher Truphémy aux cours d'assises; que
dix fois encore le scandale de son acquittement achève de
faire connaître à la France le pouvoir et les desseins d'une
faction contre laquelle la justice n'a plus de force!

Eh quoi! cette amnistie que la chambre de 1815 elle-
même n'osa pas accorder aux assassins du Midi, quoiqu'un
député la sollicitât si vivement, l'obtiendraient-ils aujourd'hui sans la demander? Eh quoi! sont-ils donc plus forts
aujourd'hui qu'en 1815, où un député du Gard implorait
vainement leur pardon? Des paroles fameuses leur ont-
elles déjà persuadé qu'ainsi *que le despotisme se prend et
ne se demande pas*, de même les hommes forts et habiles
s'assurent l'amnistie sans s'abaisser à la mériter par le
repentir?

Les terreurs de la France entière et l'agitation de ce malheureux département m'annoncent assez que les hommes
de 1815 vont envahir le pouvoir, et c'est précisément à cause
de cela qu'il faut demander la punition de Truphémy et de
Troistaillons. Députés de la France, plaçons d'avance les
hommes de nos adversités dans cette terrible alternative, ou
de voir leur complicité révélée par leurs propres sicaires,
s'ils les laissent condamner après leur avoir si long-temps
promis et si long-temps assuré l'impunité, ou de voir cette
complicité déjà si évidente, encore mieux prouvée par l'ac-

quittement des monstres dont ils ont armé le bras. Députés de la France, demandez justice avec moi; si vous ne l'obtenez pas, vous aurez du moins l'avantage de faire peser l'ignominie de ces acquittemens sur une faction que déjà le mépris accable, et qui doit enfin succomber sous le poids de sa honte.

Troistaillons et Truphémy ont été les deux chefs principaux des assassins de Nîmes ; ils ont présidé aux massacres commis l'avant-veille des élections de 1815 , et qui furent accompagnés de tous les raffinemens de la barbarie. Ils escortaient ce fatal tombereau qui attendait les victimes à la porte de leurs maisons et les portait à la voirie quand elles avaient été frappées : trois fois en plein jour ce tombereau traversa Nîmes pour aller déposer et reprendre un effroyable chargement. Voilà sous quels auspices ont été faites les élections de 1815 !

Un député du Gard, qui était en même temps magistrat, demanda pour ces hommes une amnistie. Comme lui, je suis magistrat, et c'est ce qui m'oblige à demander justice contre eux au nom des familles de leurs victimes.

Si quelques-uns de ces hommes qui, à une époque désastreuse, étouffèrent la voix du courageux d'Argenson, rejettent mon témoignage, si même ils m'accusent d'exagération, ils m'obligeront à vous parler de ces proclamations incendiaires qui, loin de vouloir calmer la rage des bourreaux , allaient soulever la lie du peuple au milieu de ses plus impurs élémens.

Je ferai retentir cet arrêté d'un commissaire extraordinaire qui, le 20 juillet 1815 (observez cette date), à l'époque la plus féconde en pillages et en assassinats, ordonnait à des infortunés qui avaient fui pour éviter la mort de rentrer dans Nîmes dans le délai de huit jours, sous peine de séquestrations de biens.

Les despotes de l'Asie, moins cruels et moins absurdes , envoient à leurs esclaves le cordon fatal , mais jamais ils ne leur ordonnent de venir le chercher !

Je parlerai de ce sous-préfet sous les fenêtres de qui six prisonniers furent fusillés à Uzès, sans avoir obtenu même un simulacre de jugement.

Hommes impitoyables, je parlerai aussi de cet autre fonctionnaire plus relevé, qu'un pasteur s'efforçait d'émouvoir par le récit déchirant du supplice de plusieurs femmes fouettées par le peuple avec des battoirs garnis de pointes aiguës, et qui répondit en souriant : *Allez, monsieur, les magistrats de Paris auraient trop à faire s'ils avaient à s'occuper des querelles de la place Maubert.*

Je parlerai de ces misérables qui, après avoir pillé et brûlé le château de Vaqueirolles, arrachèrent du tombeau où elle avait été ensevelie depuis peu de jours, le corps de mademoiselle N****, morte à l'âge de quinze ans, et qui, après avoir sorti ce cadavre du cercueil...... *Conculcaverunt corpus exanimum et super eum minxerunt.*

Je parlerai de ces danses de cannibales autour du bûcher du malheureux Ladet, jeté vivant dans les flammes où ses bourreaux le firent expirer.

Je parlerai de ces prisonniers français, abandonnés sans pitié à la justice militaire autrichienne par des magistrats et des administrateurs français qui entendirent donner dans un banquet l'ordre de faire mourir les prisonniers, sans s'y opposer et sans les réclamer.

Je parlerai du massacre qui suivit la capitulation du 13ᵉ régiment de ligne, et des mille apologies imprimées de cette atrocité.

Hommes de 1815, je nommerai, je compterai les quatre-vingt-cinq victimes que vos sicaires ont égorgées à Uzès ou à Nîmes, non compris les malheureux soldats du 13ᵉ de ligne.

Honnêtes gens par excellence, implacables de 1815, acceptez le défi que je vous porte à mon tour ; demandez une enquête sur cette lamentable époque. Il faut que la France apprenne par cette enquête, ou que le garde des sceaux, M. de Saint-Aulaire, M. d'Argenson et moi, nous sommes d'infâmes calomniateurs, ou que vous avez été des monstres de cruauté.

Députés de la nation, je pouvais ajouter d'autres traits à cet horrible tableau ; je pouvais en dire beaucoup plus, mais j'aurais été coupable d'en dire moins.

Ma voix vient de rendre témoignage à la vérité. Je renouvellerai ce témoignage toutes les fois que j'aurai lieu de craindre de voir renouveler cette monstrueuse persécution. Aucune puissance sous le ciel ne pourra m'empêcher d'être pitoyable et juste. Le moment actuel réclame encore ce devoir ; et c'est alors que les victimes d'atrocités inouïes gémissent sous un vaste système de calomnie, c'est quand on s'efforce d'éterniser les défiances du gouvernement et d'étouffer dans leur principe les sentimens réciproques de sécurité et d'amour, c'est alors qu'il convient le mieux d'invoquer à la fois la justice et la pitié.

Messieurs les députés, je vous supplie de vouloir bien renvoyer ma pétition au conseil des ministres, avec la recommandation d'examiner :

1°. S'il n'est pas d'une indispensable nécessité de laisser Nîmes garantie par une garnison aussi forte que celle qui va lui être enlevée ;

2°. S'il ne doit pas être enjoint à tous les commandans des forces armées, conformément aux lois et ordonnances en vigueur, de ne porter d'autres circulaires ou dépêches que celles du gouvernement ;

3°. Si l'action du ministère public ne doit pas cesser d'être arrêtée, relativement au moins à Truphémy et à Troistaillons ;

4°. S'il n'est pas indispensable de juger ces deux hommes au moins à quarante lieues de Nîmes et hors des départemens du Midi ;

5°. S'il n'est pas également nécessaire que la police administrative interdise aux anciens gardes nationaux de Nîmes les signes de ralliement et les uniformes qui ne sont autorisés que pour les corps légalement organisés.

6°. Enfin, s'il n'est pas très-urgent de faire exécuter le désarmement effectif de la garde nationale de Nîmes.

Au moment de finir et de signer cette pétition, je ne puis me défendre des terreurs qui viennent ébranler mon âme. — Mais quoi! ces infortunés, au sort desquels je me suis uni pour jamais, que j'ai consolés, que j'ai préservés du désespoir pendant leurs infortunes, en ne cessant de les entretenir de la sagesse et de la bonté du roi; ces hommes, dont je m'efforçais d'arrêter la juste colère au mois de mars dernier, auront-ils à me reprocher d'avoir exigé d'eux des sacrifices entièrement inutiles? auront-ils à me reprocher d'avoir négligé une dernière tentative en leur faveur, lorsque leurs ennemis préparent leurs armes en silence?

Non, je n'hésite plus à remplir mon devoir! — Députés, je ne vous implore que pour ce département, ma patrie adoptive : je ne vous demande rien pour ma famille. Ah! si je dois un jour succomber sous les poignards des assassins dont je suis environné, je n'ai pas besoin de vous recommander mes deux fils, ils sont assez riches de mon exemple et de mon nom.

Daignez agréer l'hommage du profond respect avec lequel j'ai l'honneur d'être,

Messieurs les députés,

Votre très-humble et très-obéissant serviteur,

Madier de Montjau.

Nîmes, 23 mars 1820.

A UN MAGISTRAT DE LYON.

7 Avril 1820.

Vous l'aviez prévu, mon ami, la bataille est perdue : les ministres ont gagné l'arbitraire, et déjà ils paraissent accablés de leur victoire ; ils ne savent que faire de leur butin. Ils nous ont bien servis, et M. Pasquier est l'homme de France qui a rendu le plus de services à la liberté ; il a voulu l'arbitraire dans toute sa nudité, avec ses formes les plus odieuses : justice, humanité, il a tout repoussé. En vain la politique réclamait quelque publicité, afin que l'opinion, qui se range toujours du parti du malheur, n'accablât pas le pouvoir de cette animadversion qui pèse dans tous les temps et dans tous les lieux sur les mesures ténébreuses. Le ministre croyait rendre la nation dupe d'un sophisme ; et parce qu'on avait changé le mot *suspect* en celui de *prévenu*, on croyait que la nation confondrait l'expression *prévenu d'un crime* avec celle-ci, *prévenu d'un soupçon*. Avant même d'être converti en loi, le projet ministériel avait échoué contre l'opinion publique ; c'est dire que la loi elle-même n'aura d'autre résultat que les soupçons qu'elle fait naître contre ceux qui l'ont sollicitée. Un intérêt unanime se manifeste déjà pour des victimes qui n'existent pas encore. Les défiances qu'inspire le pouvoir, armé de l'arbitraire, font descendre jusque dans les dernières classes du peuple le besoin des lois, des garanties, de la stabilité. Si, par un incalculable malheur, le pouvoir usait du glaive que les hommes monarchiques ont remis dans ses mains, les défiances cesseraient, la certitude serait acquise, et, s'il est facile de prévoir, il serait difficile de prévenir les conséquences de cette idée : l'autorité a cessé d'être protectrice.

Quant aux défenseurs de l'autel et du trône, qui récla-

maient l'arbitraire en insultant à la religion et à la morale, à la justice et à la raison, ils semblent honteux aujourd'hui de leur arrogance d'hier. Pauvres gens! parce
qu'ils avaient fait du mal en 1815, à l'abri des baïonnettes
étrangères, ils croyaient faire peur en 1820, au milieu
de la fermentation de l'Europe, à côté de la révolution
d'Espagne! Leur temps est passé : le ridicule suffit pour
faire justice de leur orgueil; ils ne peuvent jouer désormais que des parades de boulevards. Lorsque Arlequin tire
son sabre de bois, Gilles tremble, il est vrai, mais les
spectateurs rient, parce que les sabres de bois ne peuvent qu'exciter le rire d'un peuple qui fut pendant vingt
ans l'arbitre des destinées de l'Europe.

Quand on réclame la puissance de tout prévenir, il faut
avoir l'habileté de tout prévoir. Or, les ministres, qui se
sont chargés de la France à fonds perdu, ont-ils sondé le
terrain sur lequel ils se sont engagés? Ils assument sur
leur tête la responsabilité de l'avenir. Parce qu'ils ont au
scrutin une force empruntée, penseraient-ils avoir sur
la nation un ascendant réel? Un peuple n'obéit qu'à la
justice et à la raison, et il n'y a dans l'arbitraire ni raison
ni justice. La discussion des lois d'exception en est la
preuve : les journaux du ministère et de l'oligarchie ont
été forcés de confesser que la vérité, les principes, les sentimens généreux, étaient dans l'opposition. Que fera donc
le pouvoir s'il a contre lui tout ce qui peut convaincre, per-
suader, émouvoir? Si l'autorité ne peut s'adresser ni aux
sentimens, ni à la raison, ni aux intérets des Français, tout
est perdu pour elle. Il reste, il est vrai, un autre principe
d'obéissance, c'est la force : le remède est désespéré et digne des hommes qui veulent des *moyens extrêmes;* mais la
peur de perdre la bataille empêchera tout ministre à qui
restera quelque lueur de raison, d'engager le combat.

Que l'oligarchie prête son appui à toute mesure incon-
stitutionnelle qui, enlevant aux citoyens la sécurité légale,
ouvre la porte à des désordres possibles, cela ne saurait
vous surprendre : l'oligarchie est sans existence tant qu'elle
est sans priviléges. Frappée depuis trente ans de mort politique, elle a subi sa destinée sous le gouvernement de Napoléon; mais les marques de sa résignation n'étaient que les
preuves de sa faiblesse : elle paraissait satisfaite du bien
présent, parce qu'elle craignait un plus grand mal futur.

Aujourd'hui qu'elle ne saurait craindre une réprobation nouvelle, elle veut reconquérir ce qu'elle a perdu. Ne pouvant y réussir avec des lois qui garantiraient l'ordre public, elle se jette tête baissée dans les mesures d'exception. Le désordre est pour elle ce que le désastre de Lisbonne était pour le matelot; elle n'a rien à perdre dans l'état actuel des choses; elle sourit à l'aspect de tous les malheurs où elle trouverait quelque chose à gagner. Si le ministère, qui s'est chargé avec tant d'hilarité du fardeau de l'avenir, avait en mémoire ce qu'il croit avoir en prévoyance; s'il avait calculé quel poids les prétentions oligarchiques avaient jeté dans la balance du 20 mars; s'il s'était souvenu que le régime des hommes de 1815 était l'unique terrain où la nation avait retrouvé des sentimens de défiance, de vengeance et de haine, il aurait pu calculer les résultats de sa ligue nouvelle avec une faction trop faible pour être de quelque secours dans le désordre, et trop ambitieuse pour conserver l'ordre auquel elle doit toute sa sécurité.

Les journaux monarchiques crient sans cesse contre les révolutionnaires et les jacobins; s'il existait des jacobins et des révolutionnaires, ils devraient, dans leur âme, voter des remercîmens à M. Pasquier et aux membres du côté droit, qui, comme M. de Villèle, l'ont secondé avec tant d'ardeur. Tous les hommes qui cherchent à dénaturer les principes du gouvernement, à changer les questions de droit en questions de fait, et les questions de fait en questions de force, doivent être chéris des révolutionnaires. L'empire des majorités ne fait pas loi seulement dans les chambres; au jour de la lutte, tout se réduit à savoir de quel côté sont les gros bataillons : aussi, tous ceux qui, dans ce parti, avaient quelques idées politiques et quelque prévoyance, se sont hâtés, comme MM. de Châteaubriant et Fiévée, de désavouer l'arbitraire; tous ceux dont l'âme n'était pas fermée aux sentimens généreux, ont, comme M. de la Bourdonnaie, rejeté des lois qui seront funestes par cela seul qu'elles sont injustes et inhumaines. Déjà les journaux de la faction s'élèvent contre ces mesures exceptionnelles, déjà ils veulent en rejeter toute la défaveur sur le ministère; mais les ministres les eussent-ils obtenues, si le côté droit ne les eût accordées? L'expérience est faite, et la France connaît à jamais les hommes de ses malheurs. Certes, s'il était des révolutionnaires, ce serait pour eux un grand sujet de joie que cette hostilité du pouvoir contre la nation, que cette audace d'une faction qui croit pouvoir remettre en problème ce que la France a résolu par trente ans de malheurs et de gloire, de calamités et de prodiges. Moins le peuple pourra se fixer sous l'abri du régime constitutionnel, plus les institutions seront variables, diverses, contraires, et plus tous les pouvoirs de la société seront faibles et chancelans. Ce n'était pas, certes, ceux qui demandaient à Ferdinand des lois et la paix, mais ceux qui lui demandaient l'arbitraire et les persécutions, qui ont ébranlé son trône. C'est un régime d'exception qui a rendu la révolution d'Espagne nécessaire pour la nation, inévitable pour le pouvoir.

La censure des écrits périodiques ne sera pas moins funeste à l'autorité; car, de ce qu'on n'imprime que ce qu'elle veut, on peut induire qu'elle veut tout ce qu'on imprime. Elle devient alors responsable de ce que les journaux disent et de ce qu'ils taisent. Les bruits les plus absurdes, les nouvelles les plus alarmantes, tous ces fantômes enfin que la publicité dissipe, prendront un grave caractère et grossiront dans le mystère. Si l'autorité se tait, on dira qu'elle craint; si elle parle, on dira qu'elle ment. Le projet du ministère était sans doute de permettre aux journaux monarchiques les diatribes contre les hommes constitutionnels, et de tolérer les récriminations de ceux-ci. C'est l'histoire de l'ancienne censure; mais, outre que ce moyen est usé, la position n'est plus la même. Lorsqu'on attaquait de front les hommes de 1815, ils étaient sous la protection des baïonnettes ennemies ou alliées, ils abusaient ou usaient du pouvoir qu'on avait déposé dans leurs mains. Ces hommes, aujourd'hui, ne sont rien par eux-mêmes; auxiliaires des ministres, ils sont à leur suite, ou à leurs ordres, ou à leurs gages; ce serait pitié de se débattre avec la livrée, et de se disputer dans l'antichambre quand on peut discuter dans le salon : ainsi, les agens de l'autorité ne sauraient vivre en paix comme en 1816, car ce n'est point aux ultras, qui ne sont rien, mais à eux qui veulent faire quelque chose de ce rien, que la nation a affaire. C'est avec eux qu'il faut engager toutes les discussions sur l'arbitraire, c'est à eux qu'il faut arracher les victimes qu'ils voudraient frapper, c'est contre eux qu'il faut soulever toutes les responsabilités que la morale et l'opinion font peser sur les abus du pouvoir. Les hommes de 1815 n'ont rien à faire dans cette polémique, ceux-ci veulent une contre-révolution; et quel moyen de répondre avec une plume à ceux qui vous interrogent avec un poignard?

Le ministre a bien senti qu'il serait impossible à la censure de fermer le véritable champ de la discussion, s'il choisissait pour censeurs des hommes qui eussent à perdre quelque réputation littéraire. Aussi a-t-il ouvert le garde-meuble de la nullité et de l'oubli, pour exhumer douze noms échappés aux plus clairvoyans biographes. Les plus illustres membres de ce jury politique se sont élevés jusqu'à la *chanson*, et l'un est même arrivé jusqu'à la *notice*; cet établissement d'invention nouvelle compte, dans son sein, un médecin qui a bravé la peste, par ordre de M. Decazes, qui brave la censure par la faveur de M. Siméon, et qui entre dans le comité au sortir du lazareth. S'il est vrai que les écrivains ne veuillent être jugés que par leurs pairs, il ne faut pas vous étonner que, brisant leur plume, M. de Châteaubriant recule devant M. Cherval, M. Fiévée devant M. Lourdoueix, M. Benjamin Constant devant M. Landrieux, et M. Étienne devant M. Rochette, à qui toutes les places conviennent, mais qui ne convient pas également à toutes les places. Je vous cite ces noms, mais n'allez pas croire que ce soit de mémoire; n'était l'ordonnance qui m'a révélé leur existence, je n'en connaîtrais pas un.

Quel empire peuvent obtenir des lois réprouvées par l'opinion publique, et par tous les talens dont la France s'honore? Encore si les défenseurs de l'arbitraire exerçaient sur la nation l'ascendant que donnent les grands services ou les grandes lumières! Mais, quel que puisse être, d'ailleurs, leur mérite, MM. de Fitz-James, de Saint-Roman, Froc, Josse, Jacquinot, ont à faire, de fond en comble, leur renommée de tribune ou de conseil. Encore si l'exécution de l'arbitraire n'était pas confiée à des mains qui n'ont tenu qu'une plume ignorée! Mais, qui ne voit que les censeurs, livrés à la dépendance par leur obscurité, laisseront peser sur le pouvoir toute la défaveur de la censure? Observez, mon ami, que je ne vous parle que du talent; je ne connais point leur personne, je ne puis vous parler des caractères, aussi ne vous dirai-je rien de la faiblesse envieuse, de l'amour-propre humilié, de cette rancune de l'homme qui est tombé dans la carrière, pour

celui qui a atteint le but. La loi contre la presse est l'évangile de l'obscurantisme, et cet évangile a trouvé douze
apôtres bien dignes d'en être les prédicateurs.

D'un autre côté, voyez quels sont les ennemis de l'arbitraire. Vous connaissez déjà les excellens discours prononcés par plusieurs pairs de France. Je vous avais recommandé la lecture des opinions de MM. de Larochefoucault,
Daru, de Ségur, de Valence et Lanjuinais. Je me fiais à
votre curiosité du soin de lire celle de M. de Châteaubriant,
production éloquente, mais où l'éclat du style ne peut déguiser ni la fausse position de l'orateur, ni les arrière-pensées de son parti. Je veux aujourd'hui vous donner la
liste de tous les pairs qui ont voté contre l'arbitraire, vous
verrez quelle masse de gloire civile ou militaire, quels grands
noms, quels beaux talens les libertés françaises ont eus pour
défenseurs.

MM. le comte Abrial, le duc d'Albufera, le comte d'Angosse, le comte d'Arjuzon, le baron de Barente, le général
Beker, le général Belliard, le comte de Berenger, le comte
Berthollet, le marquis de Boisgelin, le baron Boisset de
Monville, le comte Boissy-d'Anglas, le comte de Brigode,
le duc de Broglie, le marquis de Castellan, le comte Chaptal, le comte Chasseloup, le vicomte de Chateaubriant, le
duc de Choiseul, le comte Chollet, le comte Clément de
Riz, le comte Colchen, le général Compans, le duc de Conegliano, le comte Cornudet, le général Curial, le maréchal
Saint-Cyr, le comte Dambarrère, le duc de Dantzick, le
comte Daru, le comte d'Aubersaert, le comte Decroix,
le comte Dejean, le comte Demont, le comte Dessoles, le comte Destut de Tracy, le comte Dumuy, le comte
Dunolschtein, le prince d'Eckmühl, le comte Fabre de
l'Aude, le général Gassendi, le comte Germain, le général Gouvion, le comte Grammont d'Asté, le marquis
de Grave, le marquis de Jaucourt, le maréchal Jourdan, le
comte Klein, le comte Lacepède, le comte Lanjuinais,
le comte de la Roche-Aymon, le comte de Latour-Maubourg, le comte Lemercier, le comte Lenoir-Laroche,
le marquis de Marbois, le comte Marescot, le duc de
Massa, le marquis de Mathan, le comte Mollien, le comte
Montesquiou, le duc de Plaisance, le comte Perré, le comte
de Pontécoulant, le duc de Praslin, le duc de Raguse, le
comte Rampon, le comte Reille, le comte Ricard, le

comte Richebourg, le duc de Larochefoucauld-Liancourt, le comte Ruty, le général Sainte-Suzanne, le comte de Ségur, le comte de Sparre, le comte de Sussy, le prince de Talleyrand, le duc de Trévise, l'amiral Truguet, le comte de Valence, le duc de Valmy, le duc de la Vauguyon, l'amiral Verhuel, le comte de Vimar, le comte Volney.

S'il est vrai que la réputation des défenseurs ou des adversaires d'une mesure quelconque suffit pour imprimer à cette mesure un cachet favorable ou un sceau de réprobation ; si le peuple qui ne veut être gouverné que par la raison se laisse d'abord diriger par les lumières, ou par les services rendus, parce que le passé lui garantit l'avenir, il n'a rien à désirer dans la discussion qui s'est élevée à la chambre des députés. Vous avez lu depuis long-temps les beaux discours de MM. Benjamin Constant, Manuel, Lafayette, Dupont de l'Eure, Méchin, Chauvelin, Martin de Gray, Bignon, Foy, de tous les orateurs du côté gauche enfin, et si vous n'avez pas été surpris des principes constitutionnels qu'ils ont manifestés, vous aurez pu l'être de la force, de l'éclat, de la supériorité que ces principes ont prêtés à leur éloquence. Il n'est donné qu'à la raison d'être éloquente, l'esprit ne peut que brillanter des sophismes. Telle est la puissance de cette raison, qu'elle a jeté par devoir dans l'opposition des hommes qui, par leur place, appartenaient au gouvernement : MM. Royer-Collard, Camille-Jordan, Courvoisier et de Girardin.

Le premier a parlé avec cette profondeur qui distingue son talent.

M. Camille-Jordan a fait entendre à la tribune de mémorables paroles. Que devait penser, cependant, je ne dis point M. Pasquier, mais M. Siméon, à l'aspect de ce grand citoyen paraissant à la tribune avec une conviction si profonde, avec une si touchante persuasion, et déclarant au pouvoir qui l'admit dans ses conseils, que sa conduite lui sera funeste, et que si les bords de la coupe de l'arbitraire sont emmiellés et trompeurs, la lie est au fond du vase, et cette lie est mortelle !

Vous connaissez le discours de M. de Girardin, député de la Seine-Inférieure et préfet de la Côte-d'Or ; les ministres, qui ne lui avaient pas répondu à la tribune, viennent de le réfuter dans leur cabinet, et pour toute réponse lui ont envoyé sa destitution. Vous vous souvenez de l'époque ou le ministère voulait remplir la chambre de fonctionnaires publics ; on nous traitait de jacobins parce que nous disions que c'était mettre les députés entre leur conscience et leur place, entre leur salaire et leur honneur. Ensuite, pour vérifier nos prédictions, on destitua M. Dupont de l'Eure, aujourd'hui on destitue M. de Girardin. Ces destitutions sont un heureux malheur, elles apprennent aux électeurs que les fonctionnaires publics ne doivent jamais être élus, puisque l'obéissance les conduit à la trahison, et l'indépendance à la perte de leur emploi.

Joignez à ces trois discours les diverses opinions émises dans cette discussion par M. Couvoisier, et figurez-vous combien elles devaient embarrasser les ministres. Leur réponse est faite depuis long-temps pour le côté gauche ; *révolutionnaire* est un mot qui répond à tout dans les salons et les antichambres. Mais ici, quel moyen d'accuser de démagogie quatre députés qui ont suivi le pouvoir avec une rare constance, et qui ne l'ont abandonné que lorsqu'il arrivait au bord du précipice, qui même ne l'ont pas abandonné, mais qui ont joint leurs efforts à ceux du côté gauche, pour le retenir et le sauver du danger? Cependant, prenez les opinions de MM. Royer-Collard et Camille-Jordan, veuillez les comparer avec celles de M. Benjamin Constant, et de tous les orateurs du côté gauche ; principes, craintes, conseils, prédictions, tout, pour ainsi dire, coule de même source. On ne peut croire à l'hostilité des premiers, et cela seul prouve qu'il est évident qu'on ne croit pas à l'hostilité des seconds. J'en suis fâché pour les ministres et pour les journaux qu'ils font écrire par leur livrée, mais ils perdent là un champ de bataille où ils se démenaient depuis l'ordonnance du 5 septembre ; et comme ils sont poussés dans leurs derniers retranchemens, cette perte leur sera sensible.

Voici, mon ami, pour compléter ce que j'avais à vous dire sur l'arbitraire, la liste des députés qui ont voté contre les projets de loi.

MM. Admirault, Basterrèche, Beauséjour, Bédoch, Belley, Benjamin Constant, Bignon, Bogne de Faye, Boin, Bondy, Bourcier (le général), Bakinhoffer, Brigode, Brun de Villeret, Burelle, Bussy Descours, Busson, Cabannon, Camille-Jordan, Cardenaux, Carré, Cassaignoles, Caumartin, Chabaud-Latour, Charlemagne, Chauvelin,

Clément (Doubs), Corcelles, Courvoisier, Daunou, de la Roche (Seine-Infér.), Delaunay (Mayenne), Delaistre, Delessert, Demarçay, Desbordes-Boignis, Devaux, d'Alphonse, Doulat, Dumeylet, Dupont (de l'Eure), Egonière, Fabre (le général), Falatieu, Faur, Foy (le général), Fradin, Français (de Nantes), Fremicourt, Ganilh, Girardin, Girod (de l'Ain), Gossuin, Grammont, Grenier (le général), Guilhem, Guittard, Hardouin, Harlé, Hernoux, Jard-Panvilliers, Laffitte, Jobez, Keratry, Labbey de Pompières, Lacroix-Frainville, Lafayette, Lambrechts, Laisné de Villevesque, Lascours, Lecarlier, Legraverend, Lepescheux, Leseigneur, Louis, Manuel, Martin de Gray, Méchin, Ménager, Moyzen, Neel, Pacard, Paillard-Ducleret, Perreau, Perrier (Alexandre), Perrier (Casimir), Picot-Desormeaux, Populle, Ramolino, Revoire, Robert, Roland (de la Moselle), Royer-Collard, Ruperou, Saglio, Saint-Aignan, Sappey, Saulnier, Savoye-Rollin, Sebastiani (le général), Sivard de Beaulieu, Tronchon, Terneaux, Toupot de Bevaux, Trehu de Monthierry, Turkeim, Vallée, Welche, Verneil-Puyrazeau, Villemain, Voyer-d'Argenson . . . .

. . . .

A ces listes, vous pouvez ajouter la voix de la France. Mais comme dans la nation il n'y a qu'une voix contre l'arbitraire, vous voyez bien que nous n'aurions pas encore la majorité, et que la victoire n'en resterait pas moins à M. Pasquier qui est ministre, à M. de Villèle qui veut l'être, aux membres du centre qui ne veulent pas être destitués comme M. de Girardin, et aux membres du côté droit qui n'ont vu dans la question des libertés publiques qu'une question de ministère ; qui accordent à M. Siméon ce qu'ils auraient refusé à M. Decazes, et qui prouvent que l'arbitraire n'était pas pour eux une affaire de pouvoir, mais une affaire de parti.

Vous vous souvenez peut-être qu'avant que l'arbitraire eût été accueilli par la majorité, M. Benjamin Constant avait fait la proposition de régulariser le mode de scrutin. Cette proposition, amendée par M. Demarçay, et soutenue par M. Méchin, a été combattue par MM. Blanquart-Bailleul et Froc de la Boulaye. M. Blanquart-Bailleul a fait un beau discours dans lequel on a remarqué cette belle pensée : *Il n'y a plus de probité politique.* « Je ne sais si effectivement il n'y en a plus, a répliqué M. Benjamin Constant; apparemment le préopinant est plus à même d'en juger que moi; je ne le savais pas, et je ne l'apprends que de ce moment.» N'aimez-vous pas cette réponse? Ce n'est pas que, pour l'honneur de la France, je partage l'idée du député du centre; je crois à la probité politique, mais dans ce siècle elle coûte cher, et M. Blanquard-Bailleul, procureur-général, en eût trouvé un bel exemple en M. de Girardin, préfet. A la vérité, cette vertu coûte une préfecture à l'honorable M. de Girardin, et tout le monde n'est pas tenu de l'acheter à ce prix; mieux vaut s'en passer, diraient certaines gens.

Voici comment M. Benjamin Constant a reculé devant la majorité. « Ma proposition est utile, mais elle a cessé de l'être autant, aujourd'hui qu'une majorité s'est formée, qu'elle ne discute pas, qu'elle rejette les propositions sans consentir à les débattre, et qu'on pourrait en conclure, pour ainsi dire, que le vote même au scrutin est superflu. Si je n'avais pas fait ma proposition, je ne la ferais peut-être pas aujourd'hui. Alors je croyais que des argumens forts de raison, et fondés en justice, pourraient faire quelque impression à la majorité; mais, puisqu'elle est décidée à les entendre et à les laisser sans réponse, la proposition a beaucoup moins de valeur.»

Vous voyez, mon ami, que la tribune nous reste, et qu'il n'est pas temps de désespérer de la liberté.

FIN.